Meine MÄRCHEN KÜCHE

Ein Koch- und Lesebuch
der besonderen Art
mit 60 märchenhaften
Rezepten

Stevan Paul

Meine MÄRCHEN KÜCHE

Ein Koch- und Lesebuch
der besonderen Art
mit 60 märchenhaften
Rezepten

Fotos von Daniela Haug

Hölker Verlag

INHALT

VORWORT

Die Märchen der Brüder Grimm sind die ersten Abenteuergeschichten, von denen wir als Kinder hören, bestenfalls berichten uns die Eltern oder Großeltern aus dieser märchenhaften Welt, in der es von hübschen Prinzessinnen und furchtlosen Prinzen nur so wimmelt, in der aber auch schlecht gelaunte Stiefmütter und gräuliche Wölfe, gruselige Hexen und böse Feen für Angst und Schrecken sorgen. Das ist spannend, das ist Futter für die Fantasie, und am Ende jedes Märchens leben die Guten glücklich und zufrieden, das Böse ist besiegt, bestraft, bezwungen. Märchen sind Seelentröster und machen Mut.

Die Kinder- und Hausmärchen der Grimms werden seit Generationen gelesen und vorgelesen, zeitlose Klassiker haben die Volkskundler Jacob und Wilhelm Grimm aus dem hessischen Hanau zu Papier gebracht, sie veröffentlichten zwischen 1812 und 1815 zwei Bände der Kinder- und Hausmärchen. So beliebt wie die Märchen selbst, ist die kreative Beschäftigung mit Grimms märchenhaften Erzählungen, und als mir Sabine Antoni und Anja Laukemper vorschlugen, gemeinsam ein Kochbuch mit und zu den Märchen zu entwickeln, war ich angetan von der Idee.

> Die Märchenwelten der Brüder Grimm liegen ganz in der Nähe der Küche: Hier wie da geht es um eine genussvolle Auszeit vom Alltagsrauschen, um Familienzeit, schöne Stunden und gemeinsame Momente.

Zusammen kochen, zusammen am Tisch sitzen und genießen, einander später vielleicht noch das ein oder andere Märchen vorlesen und neu entdecken.

Die Arbeit am Buch war für mich als Koch und Autor ebenfalls eine spannende Entdeckungsreise. In den Märchen der Grimms hat das Essen überwiegend funktionalen Charakter. Schneewittchen wird mit einem rotbackigen Apfel verführt, mit Brotkrumen versuchen Hänsel und Gretel den Weg zurück nach Hause zu finden, Kuchen und Wein sollen Rotkäppchens Großmutter gesunden lassen, und Aschenputtel erfährt echtes Mobbing durch eine Handvoll Linsen. Gerne aber wird zum guten Ende eines Märchens groß aufgetischt, geheiratet und geschlemmt, die Tische biegen sich, und alle sind sehr glücklich! Was da genau gekocht, gebacken und serviert wurde, im Räuberhaus der Bremer Stadtmusikanten, im märchenhaften Hochzeitsschloss oder dem verwunschenen

Hexenhäuschen, darüber schweigen die Grimms. In diesem Buch sind neue Antworten versammelt und die dazugehörigen Rezepte natürlich auch! Erstmals sind die Gelage in Schlössern, Räuber- und Zwergenbehausungen detailliert beschrieben, wir werfen einen genauen Blick in Rotkäppchens Körbchen und knabbern versuchsweise am Hexenhaus. Wenn das die Grimms wüssten!

Inspiriert von ihren bekanntesten Märchen entwickelte ich eine ganz eigene kulinarische Märchenwelt, in der besondere Würzungen, viele alte Gemüsesorten und Kräuter eine wichtige Rolle spielen.

Deftige bis raffinierte Alltagsgerichte finden sich im Buch und Familienrezepte, die auch kleinen Prinzessinnen und Prinzen schmecken, dazu Speisen und Mahlzeiten, die eines Königs würdig wären und ordentlich was hermachen, wenn Gäste vorbeischauen. Alle Zutaten sind gut erhältlich oder bereits in der Schlossküche vorhanden, und mit den sorgfältig formulierten Rezepten gelingt das Nachkochen auch ungeübten Küchenhelfern.

Selbstverständlich finden sich auch die Märchen selbst im Buch, und ich habe mir erlaubt, sie – mit großem Respekt vor dem Werk der Grimms – neu zu interpretieren. Die Originaltexte der Brüder, die es auch als Germanisten zu Ruhm brachten, sind überraschend nüchtern geschrieben, und ich habe mir das ein oder andere schmückende Adjektiv erlaubt – und hier und da ein Augenzwinkern, eine Prise Humor. Wichtig waren mir bei der Bearbeitung Tempo und ein neuer Rhythmus – Sie werden die Märchen vor allem beim Vorlesen neu entdecken, und ich wünsche viel Vergnügen mit meiner umsichtigen Neuauflage der Klassiker!

Die Märchenbilderwelten und die märchenhaft appetitlichen Rezeptfotos der Berliner Fotografin Daniela Haug führen Sie dazu schnell von der Couch in die Küche. Auch hier wünsche ich viel Freude und einen guten Appetit – am reich gedeckten Tisch, mit Familie, Freunden, Lieblingsmenschen.

Stevan Paul

ASCHENPUTTEL

Einfache Küche

Als die Frau eines reichen Mannes schwer erkrankt war und spürte, dass sie sterben würde, rief sie ihre einzige Tochter ans Bett und sprach: »Liebes Kind, bleib immer fromm und gut, dann hilft dir auch der liebe Gott, und ich werde vom Himmel aus auf dich aufpassen und um dich sein.« Dann schloss die Mutter ihre Augen und verschied.

Das Mädchen aber lebte, wie ihm die Mutter geheißen hatte, besuchte jeden Tag das Grab und weinte. Im Winter bedeckte der Schnee das Grab mit einem weißen Tuch, das die Sonne im Frühjahr wieder schmelzen ließ. Für den reichen Mann war nun die Zeit der Trauer vorüber, und er nahm sich eine neue Frau. Die brachte zwei Töchter aus erster Ehe mit ins Haus, beide wunderschön anzusehen, aber garstig und gemein.

Für das arme Mädchen begann eine schlimme Zeit mit den Stiefschwestern, die ihre schönen Kleider versteckten und ihr stattdessen einen alten, grauen Kittel gaben. In Holzschuhen musste sie putzen wie eine Küchenmagd. »Wer Brot essen will, muss es sich verdienen!«, kreischten die bösen Schwestern und lachten das Mädchen aus. »Seht nur die feine Dame, wie sie putzen kann!« Bei Tisch gab es für Aschenputtel ein Stück trockenes Brot und ein Schälchen Brühe, während die Schwestern rahmige Kürbissuppe löffelten und Milchreis mit blauen Beeren. Dazu quälten die Schwestern es ständig, schütteten Linsen und Erbsen in die Asche des Ofens, die das Mädchen dann mühsam wieder herauslesen musste. Obwohl es abends müde vom Arbeiten war, durfte es nicht ins Bett, sondern musste neben dem schmutzigen Ofen schlafen. Die bösen Schwestern nannten es spöttisch Aschenputtel.

Einmal fuhr der Vater in die nahe Stadt und fragte seine Stieftöchter, was er ihnen mitbringen solle. »Schöne Kleider!«, rief die eine, die andere wünschte sich Perlen und Edelsteine. »Und du Aschenputtel, was willst du haben?«, fragte der Vater.

»Ach, Papa, das erste Ästchen, das dir auf dem Heimweg gegen den Hut schlägt, das breche ab für mich.« In der Stadt kaufte der Vater schöne Kleider, Perlen und Edelsteine, und auf dem Rückweg riss er ein Zweiglein von einem Haselnussbaum ab, das ihm den Hut vom Kopf gefegt hatte. Zu Hause verteilte er seine Mitbringsel, und nur Aschenputtel bedankte sich. Es ging zum Grab der Mutter und pflanzte den Haselnusszweig ein, dabei musste es wieder sehr weinen und seine Tränen begossen den zarten Zweig ... der wuchs und wuchs und wurde zu einem schönen Baum. Oft saß Aschenputtel unter dem Baum, weinte und betete und dachte an die Mutter. Und jedes Mal flatterte ein kleines Vögelchen ins Geäst des Baums, und dieses Vögelchen konnte Wünsche erfüllen!

Eines Tages veranstaltete der König des Landes einen dreitägigen Junggesellen-Ball für seinen Sohn, der endlich heiraten sollte. Die schönsten Frauen des Landes waren geladen, und im Schlosssaal wurden saftige Braten aufgetischt und Räucherfische, feinster Käse aus Frankreich, Paradeisersalat und Krebse in duftender Bouillon. Ganz besonders freuten sich die zwei Stiefschwestern über die Einladung zu dem Ball, sie riefen Aschenputtel herbei, das den beiden die Haare kämmen und die Schuhe glänzend putzen musste. Aschenputtel gehorchte, musste aber weinen, weil es auch so gerne zum Tanz gegangen wäre. Es fasste sich ein Herz und bat die Stiefmutter um Erlaubnis.

»Ach so? Du, Aschenputtel, bist voller Staub und schmutzig und willst so zum Ball gehen? Kein schönes Kleid, keine anständigen Schuhe und so willst du zum Tanz?«

Aschenputtel gab nicht auf und bat noch einmal darum, den Ball besuchen zu dürfen. Da schüttete die böse Stiefmutter eine ganze Schüssel Linsen in die Asche des Ofens:

»Wenn du die in zwei Stunden aus der Asche sortiert hast, kannst du mitkommen!«

Schließlich hatte Aschenputtel eine Idee. Es lief hinaus in den Garten und rief: »Kommt alle her, ihr Täubchen und Vögel im Himmel, helft mir doch bitte beim Linsen Auslesen! Die Guten ins Töpfchen, die Schlechten ins Kröpfchen!«

Und tatsächlich kamen zwei weiße Täubchen und eine Menge Vöglein in die Küche geflattert und ließen sich rund um die Asche nieder. Pick, pick, pick, sammelten sie die guten Linsen aus der Asche – nicht mal eine Stunde brauchten sie dafür – und flogen anschließend wieder zum Küchenfenster hinaus. Stolz zeigte Aschenputtel der Stiefmutter die Schale mit Linsen.

Doch die Stiefmutter keifte nur: »Du hast kein Kleid, du kannst nicht tanzen, du wirst nur ausgelacht!« Vor Enttäuschung kamen Aschenputtel die Tränen, und die Stiefmutter drehte die Augen zur Decke: »Also gut. Wenn du mir zwei Schüsseln Linsen in einer Stunde aus der Asche suchst, kannst du mit.« Das Mädchen ging wieder in den Garten und rief abermals alle Vögel im Himmel zusammen, bat um Hilfe und erklärte noch einmal: »Die Guten ins Töpfchen, die Schlechten ins Kröpfchen.« Die Vögel nickten und pickten, noch schneller als zuvor, pick, pick, pick, pick, pick … Nicht mal eine halbe Stunde brauchten sie, dann waren alle guten Linsen in die Schüssel gesammelt. Aschenputtel freute sich und präsentierte der Stiefmutter das Werk, diesmal würde es bestimmt auf den Ball gehen dürfen! Doch die Stiefmutter hielt ihr Versprechen nicht, sondern schimpfte nur: »Du kommst nicht mit! Du hast kein Kleid, du kannst nicht tanzen, wir müssen uns ja für dich schämen!« Dann machte sie sich ohne ein weiteres Wort mit ihren Töchtern auf zum Ball.

Aschenputtel lief zum Haselnussbaum am Grab ihrer Mutter und rief schluchzend:

»Bäumchen, rüttel dich und schüttel dich, wirf Gold und Silber über mich!«

Da warf der Vogel, der Wünsche erfüllen konnte, ein wunderschönes Ballkleid aus Gold und Silber herunter, dazu mit Silberfaden bestickte Tanzschuhe aus Seide. Aschenputtel zog eilig die neuen Sachen an und rannte zum Ball. So schön war Aschenputtel im neuen Kleid anzusehen, dass weder die bösen Schwestern noch die Stiefmutter es erkannten, alle Gäste glaubten, eine fremde Königstochter zu sehen. Der Königssohn forderte Aschenputtel sofort zum Tanz auf, und sie tanzten, und der Königssohn wollte nur noch mit ihm tanzen, ließ seine Hand nicht los. Bis zum späten Abend tanzten die beiden, dann wollte Aschenputtel nach Hause. Der Königssohn lächelte und legte einen Arm um seine Schultern: »Ich begleite dich!« Er wollte sehen, aus welchem Hause das schöne Mädchen war. Doch Aschenputtel wand sich aus seiner Umarmung, rannte los und versteckte sich im Taubenhaus. Der Königssohn war ratlos und fragte seinen Vater, was zu tun sei mit hübschen Mädchen, die sich in Taubenhäusern versteckten. Mit Axt und Hacke ließ der Alte das Taubenhaus zerschlagen, doch es war niemand darin – Aschenputtel war durch eine Luke in der Rückwand des Häuschens entwischt und schlief längst schon wieder in schmutzigen Kleidern neben dem Ofen.

Am zweiten Tag des Festes lief Aschenputtel abermals zum Haselnussbaum am Grab der Mutter, kaum dass die Schwestern und die Stiefmutter aufgebrochen waren: »Bäumchen, rüttel dich und schüttel dich, wirf Gold und Silber über mich!«

Der Vogel ließ ein noch viel prachtvolleres Kleid aus den Ästen herabsegeln, und als Aschenputtel in diesem Kleid den Ball betrat, war die gesamte Festgesellschaft entzückt. Der Königssohn, der schon auf das Mädchen gewartet hatte, tanzte wieder den ganzen Tag nur mit ihm. Als Aschenputtel sich am Abend auf den Heimweg machte, schlich ihm der Königssohn nach, er wollte noch immer wissen, aus welchem Hause Aschenputtel stammte. Doch dieses bemerkte den Verfolger und kletterte schnell auf einen nahen Birnenbaum. Wieder musste der Königssohn den Vater um Rat fragen, der ließ sich eine Axt bringen und fällte den Baum. Doch niemand fand sich im Geäst! Aschenputtel war in einem unbeobachteten Moment hinuntergeklettert und lag längst schon wieder in der Asche neben dem Ofen.

Am dritten Tag, gleich nachdem die Stiefmutter mit den Schwestern zum Fest aufgebrochen war, lief Aschenputtel wieder zum Grab und sprach zum Bäumchen: »Bäumchen, rüttel dich und schüttel dich, wirf Gold und Silber über mich!«

Diesmal warf ihm der Vogel ein Kleid herab, das so prächtig und glänzend war wie noch nie, mit Tanzschuhen aus reinem Gold! Die Festgesellschaft war sprachlos vor Bewunderung, als Aschenputtel den Festsaal betrat. Wieder tanzte der Königssohn nur mit ihm, etwaige Nebenbuhler wurden rüde in die Schranken gewiesen: »Finger weg! Das ist meine Tänzerin!«

Auch an diesem Abend wollte der Königssohn Aschenputtel nach Hause begleiten, doch es rannte ihm davon, so schnell, dass er nicht folgen konnte. Aber der Königssohn war vorbereitet, hatte heimlich die Stufen der Schlosstreppe mit klebrigem Teer bestreichen lassen, und darin blieb Aschenputtels linker Schuh stecken. Der kluge Prinz löste den Schuh und betrachtete ihn lange, er war klein und zierlich und glänzte golden: »Keine andere soll meine Königin werden als die, an deren Fuß dieser goldene Schuh passt.«

Die Spur führte ihn in das Haus des reichen Mannes mit den drei Töchtern, und die bösen Schwestern freuten sich schon, denn sie hatten schöne Füße. Die Älteste zog sich mit der Mutter in eine Kammer zurück, um den Schuh anzuprobieren, doch der Schuh war zu klein, die große Zehe passte nicht hinein. »Schneid halt den Zeh ab!«, bestimmte die Mutter. »Wenn du Königin bist, musst du sowieso nicht mehr zu Fuß gehen.« Das Mädchen folgte dem Rat der Mutter, verbiss sich den Schmerz, zwängte den Fuß in den Schuh und präsentierte sich dem Königssohn. Der half seiner neuen Braut aufs Pferd und ritt mit ihr davon. Als sie am Grab mit dem Haselnussbaum vorbeiritten, sahen sie zwei Tauben in den Ästen sitzen, die gurrten:

»Rucke di gu, rucke di gu,
Blut ist im Schuh! Der Schuh
ist zu klein, die echte Braut
sitzt noch daheim.«

Irritiert blickte der Königssohn auf den Schuh seiner Begleiterin und sah, wie Blut herausquoll. Umgehend wendete er das Pferd, brachte die falsche Braut nach Hause und forderte die jüngere Schwester auf, den Schuh anzuprobieren. Die zog sich mit der Mutter zurück und probierte den Schuh. Die Zehen passten gleich hinein, aber die Ferse war zu groß. Da holte die Mutter ein Messer und sprach: »Schneid halt ein Stück von der Ferse ab, wenn du Königin bist, brauchst du sowieso nicht mehr zu Fuß gehen!« Das Mädchen tat, wie ihm geheißen, zwängte den Fuß in den Schuh und unterdrückte die Schmerzen. Der Königssohn zeigte sich erfreut und ritt mit seiner neuen Braut davon. Doch als sie am Haselnussbäumchen vorbeiritten, saßen da wieder die beiden Täubchen und gurrten: »Rucke di gu, rucke di gu, Blut ist im Schuh! Der Schuh ist zu klein, die echte Braut sitzt noch daheim.«

»Das wird mir langsam zu blöd!«, schimpfte der Königssohn, nachdem er die Tauben gehört und die blutgetränkten weißen Strümpfe der falschen Braut entdeckt hatte. »Die ist es auch nicht!«, beschwerte er sich, als sie wieder am Häuschen des reichen Mannes angekommen waren. »Sonst noch Kandidatinnen?«, fragte er genervt.

Der Vater kratzte sich am Hinterkopf: »Nur die Tochter meiner verstorbenen Frau lebt noch hier, Aschenputtel, ein mickriges Mädchen, das kann unmöglich Eure Braut sein!« Doch der Königssohn wollte das Mädchen trotzdem sehen, Aschenputtel wurde gerufen. Es wusch sich schnell noch Gesicht und Hände, dann ging es in die Stube, verneigte sich vor dem Königssohn, der ihm den goldenen Schuh reichte. Es setzte sich auf einen Stuhl, zog seinen schönen, zarten Fuß aus den schweren Holzclogs und steckte ihn mühelos in den goldenen Schuh! Und als es sich aufrichtete und dem Prinzen ins Gesicht sah, erkannte der das schöne Mädchen, mit dem er getanzt hatte: »Das ist sie! Das ist die echte Braut!«

Die Stiefmutter und die bösen Schwestern wurden bleich vor Ärger, der Königssohn aber half Aschenputtel aufs Pferd und ritt mit ihm davon. Als sie am

»Rucke di gu, rucke di gu, kein Blut ist im Schuh! Der Schuh, der passt, ist nicht zu klein, die echte Braut führt er nun heim.«

Grab der Mutter vorbeikamen, gurrten die Täubchen: Dann flogen sie vom Baum herab auf Aschenputtels Schultern, eine rechts, die andere links, und dort blieben sie sitzen, den ganzen Heimweg lang.

Am Tag des Hochzeitsfestes hatten sich auch die bösen Schwestern ohne Einladung unter die Hochzeitsgäste geschlichen, um mitzufeiern, zu essen und zu tanzen. Als aber die Brautleute zur Kirche gingen, entdeckten die Tauben die ungebetenen Gäste, flogen heran und pupsten den bösen Schwestern auf die Köpfe und die schönen Kleider. »Igitt!«, riefen da alle Leute, zeigten mit den Fingern auf die bösen Schwestern und rümpften die Nasen: »Seht nur, wie dreckig die Schwestern sind, wie eklig sie sind, wie sie stinken!« Von diesem Moment an wollte nie mehr ein Mensch, weder Frau noch Mann, etwas zu tun haben mit den bösen, hinterlistigen Schwestern. Aschenputtel aber wurde Prinzessin, und sie lebte glücklich mit dem Prinzen bis ans Ende aller Tage!

Tomatensalat mit Tomaten-Pesto-Röstbrot

Dreimal Tomate in Bestform: Frischer Tomatensaft bildet die Basis für die fruchtige Tomatenvinaigrette, mit der dieser Salat aus sonnenverwöhnten Tomaten mariniert wird – dazu gibt es knuspriges Röstbrot mit selbst gemachtem Tomatenpesto.

Für 4 Personen
25 Minuten

Für das Tomatenpesto:
100 g getrocknete Tomaten
1 Knoblauchzehe
50 g Bergkäse (z. B. Allgäuer oder Greyerzer)
20 g Walnüsse
100 ml Sonnenblumenöl
50 ml Walnussöl (wahlweise Nuss- oder Olivenöl)

Für den Tomatensalat:
800 g gemischte Tomaten (s. S. 18 f.)
1 TL Zucker
2–3 EL Rotweinessig (wahlweise Weißweinessig)
4 EL Olivenöl
Salz
schwarzer Pfeffer aus der Mühle
1 Frühlingszwiebel

Außerdem:
8 Scheiben Lieblingsbrot
80 g geriebener Bergkäse (z. B. Allgäuer oder Raclette)

Für das Pesto die getrockneten Tomaten in 2 Min. in Wasser weich kochen. In kaltem Wasser abkühlen, anschließend trocken ausdrücken. Knoblauch schälen, Bergkäse raspeln. Beides mit getrockneten Tomaten, Walnüssen, Sonnenblumen- und Walnussöl im Mixer zu einem Pesto pürieren. Nicht salzen.

Für den Tomatensalat 150 g rote Tomaten fein pürieren und durch ein feines Sieb in eine Schüssel passieren. Den frischen Tomatensaft mit Zucker, Rotweinessig und Olivenöl zu einer Vinaigrette verrühren, mit Salz und Pfeffer würzen. Die übrigen Tomaten waschen, Strünke kegelförmig herausschneiden. Die Tomaten in Scheiben schneiden, auf Tellern oder einer Servierplatte dachziegelartig anrichten und mit Salz würzen. Mit der Vinaigrette beträufeln. Frühlingszwiebel schräg in feine Scheiben schneiden und den Salat damit bestreuen.

Brotscheiben dünn mit Pesto bestreichen und mit geriebenem Bergkäse bestreuen. Im Ofen unter dem Grill rösten, bis der Käse schmilzt, das geht schnell, am besten dabeibleiben. Brote zum Salat servieren.

TIPP: Übrig gebliebenes Pesto hält sich, im Schraubglas mit zusätzlichem Öl bedeckt, im Kühlschrank mehrere Wochen und eignet sich zum Würzen von Tomatensaucen, Eintöpfen und Schmorgerichten oder für eine schnelle Pasta al Pesto: einfach Lieblingsnudeln kochen und mit etwas Pesto und heißer Brühe mischen.

Von Goldäpfeln, Paradeisern und Tomaten

Bereits seit dem 16. Jahrhundert gibt es in Europa Tomaten; die Frucht aus der Familie der Nachtschattengewächse kommt ursprünglich aus Mittelamerika. Die erste in Europa namentlich erwähnte Tomate hörte auf den märchenhaft klingenden Namen Goldapfel, es dürfte sich dementsprechend um eine gelbfleischige Tomate gehandelt haben. Zu Zeiten der Grimms schrieb man dem »Liebesapfel« aphrodisierende und medizinische Wirkungen zu, hielt sich Tomatenpflanzen überwiegend als Zierpflanze. Erst ab 1900 fand die Tomate als Lebensmittel Verbreitung in Deutschland.

Heute erlebt die Tomate eine Renaissance in neuer Vielfalt. Es ist engagierten Landwirten zu verdanken, dass alte Sorten wieder angebaut werden, dass Tomaten heute jenseits des Treibhausanbaus wieder nach Tomaten schmecken: saftig-süß und rotfleischig oder grüngereift, tiefwürzig und feinherb. Im Spätsommer und Herbst schmecken sie aus heimischem Anbau am besten, auch die sonnenverwöhnten Früchte aus Italien und Spanien sind ein Genuss. Wen wundert es, dass man in Österreich schon immer von Paradeisern spricht, wenn man Tomaten meint: Paradiesäpfel werden die Früchte dort liebevoll genannt.

Krebse in Bouillon

»Wenn es auch nur eine Spur von Gerechtigkeit auf der Welt gäbe, müssten wir vor Krebsen auf die Knie sinken und sie göttlich verehren.« Jean Anthelme Brillat-Savarin (1755–1826)

Für 4 Personen
35 Minuten

500 g kleine neue Kartoffeln
Salz
400 g Erbsen in der Schote (wahlweise 180 g aufgetaute TK-Erbsen)
200 g braune Champignons
2 Schalotten
1 TL Kümmelsaat
1 Bund Dill (wenn möglich mit Dillblüten)
40 Flusskrebse* (ca. 1,8 kg, s. auch Tipp)
40 g Butter
400 ml Krustentier-Fond (wahlweise Fischfond)
1 Prise Zucker
4–6 Zweige Estragon

Die Kartoffeln waschen und mit Schale in Salzwasser garen, das dauert ungefähr 12–15 Min. Erbsen aus den Schoten palen. Champignons putzen und in feine Scheiben schneiden. Schalotten fein würfeln. Kartoffeln abgießen und leicht abkühlen lassen.

5 l Wasser in einem großen Topf mit Kümmel und Dill aufkochen, salzen. Die Krebse kopfüber in den stark kochenden Sud geben. Einmal aufkochen, vom Herd ziehen und zugedeckt 8–10 Min. ziehen lassen.

Für die Bouillon die Schalotten in Butter glasig dünsten, Erbsen und Champignons zugeben, kurz andünsten und mit dem Krustentier-Fond auffüllen. 3 Min. offen kochen, mit Salz und Zucker abschmecken. Kartoffeln pellen und zur Bouillon geben. Estragon fein schneiden und unterrühren. Krebse aus dem Kochsud heben und wahlweise zur Bouillon servieren, oder die Krebsschwänze auslösen, in die Bouillon geben und servieren.

TIPP: Die Krebse bestellen Sie am besten beim Fischhändler vor. Statt die Krebse selbst zu kochen, können Sie auch vorgekochte Krebse bestellen und diese bei schwacher Hitze 8–10 Min. im Sud erwärmen. Wahlweise kaufen Sie 250 g ausgelöstes Krebsfleisch, das Sie vor dem Servieren in der Bouillon selbst erwärmen.

***FLUSSKREBSE**

Im 18. und 19. Jahrhundert galten Flusskrebse als Arme-Leute-Essen und gediehen insbesondere im Spreewald und dem Leipziger Binnendelta prächtig. 1876 dezimierte eine aus Nordamerika eingeschleppte Krebspest die deutschen Krebsbestände nachhaltig. Die Zehnfüßer reagieren zudem sehr sensibel auf Verunreinigungen ihres Lebensraums, eine Wiederansiedlung von Edelkrebsen ist in Deutschland derzeit nur in begrenztem Maße möglich. Ob lebend geliefert oder vorgekocht – die im Handel erhältlichen Exemplare sind allermeist importierte Zuchtware.

Gebratene Makrele auf Rahmspinat mit Linsen

Die Makrele ist ein robuster Fisch, im Ganzen gebraten verträgt sie sich bestens mit kräftigen Würzungen wie schwarzem Pfeffer, Knoblauch und Zitrone. Auf Rahmlinsen mit Spinat gebettet, wird ein so einfaches wie feines Mahl daraus.

Für 4 Personen
40 Minuten

Für das Linsen-Spinat-rahmgemüse:
100 g Pardina-Linsen
250 g junger Blattspinat
2 Schalotten
20 g Butter
1 TL Mehl (Type 405)
100 ml Weißwein
150 ml Sahne
½ Bund Dill
1–2 TL scharfer Senf
Salz
Zucker

Für die gebratenen Makrelen:
4 Portionsmakrelen à 200 g (küchenfertig, ausgenommen)
1 Knoblauchzehe
½ Bund Petersilie
6 EL Mehl (Type 405)
6 EL Öl
Salz
Pfeffer
20 g Butter
2 EL Zitronensaft

Die Pardina-Linsen für das Linsen-Spinatrahmgemüse nach Packungsanweisung in Wasser ohne Salz in ca. 20 Min. kochen. Spinat putzen, gründlich waschen und trocken schleudern.

Die Schalotten fein würfeln und in einem Topf in Butter glasig dünsten. Die gegarten Linsen abgießen, abtropfen lassen und mit in den Topf geben. Mit Mehl bestäuben, und das Mehl unterrühren. Mit Weißwein ablöschen und aufkochen. Den Spinat zugeben und unter Rühren zusammenfallen lassen. Mit Sahne auffüllen und offen 3–4 Min. dicklich einkochen. Den Dill fein schneiden und mit dem Senf unterrühren, das Rahmgemüse mit Salz und Zucker abschmecken.

Für die gebratenen Makrelen die Fische unter kaltem Wasser abspülen. Knoblauch schälen und fein würfeln. Petersilie hacken. Die Makrelen im Mehl wenden, leicht abklopfen. Öl in einer großen beschichteten Pfanne erhitzen, Makrelen hineingeben und auf beiden Seiten je 4–5 Min. goldbraun braten. Mit Salz und Pfeffer würzen. Butter, Knoblauch und Petersilie zugeben und nochmals 2–3 Min. braten, die Fische dabei mit der Butter beschöpfen. Mit Zitronensaft beträufeln. Die Makrelen auf dem Rahmgemüse servieren.

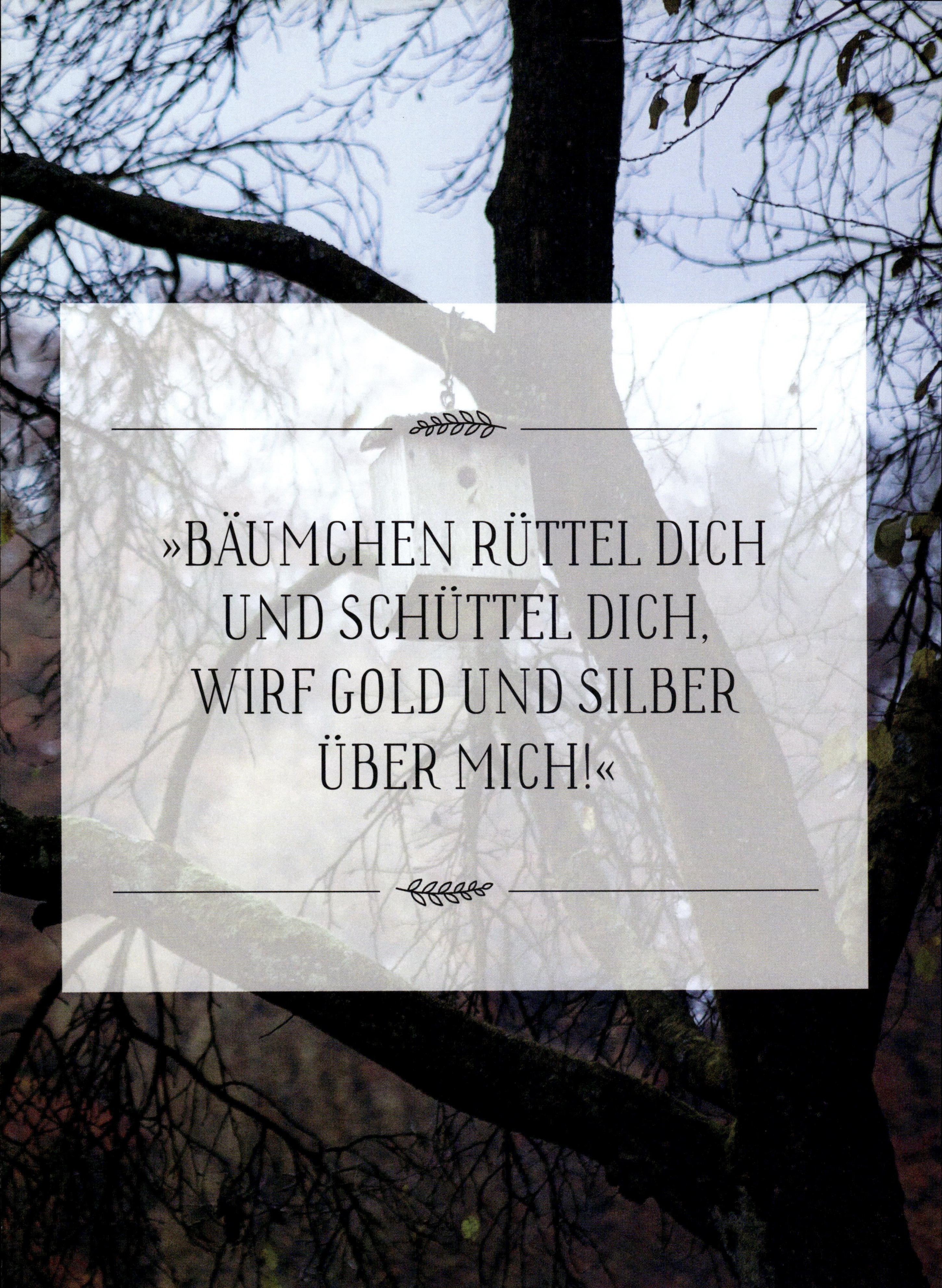

»BÄUMCHEN RÜTTEL DICH
UND SCHÜTTEL DICH,
WIRF GOLD UND SILBER
ÜBER MICH!«

Schnüsch

Die Guten ins Töpfchen, die Schlechten ins Kröpfchen, heißt es im Märchen von Aschenputtel. In die norddeutsche Traditionssuppe Schnüsch kommt nur das Allerbeste aus dem Garten – die sommerliche Suppe ist sehr gut dafür geeignet, auch Königssöhne zu beeindrucken!

Für 4–6 Personen
40 Minuten

300 g Erbsen in der Schote (wahlweise 180 g aufgetaute TK-Erbsen)
200 g Schnippelbohnen
150 g gelbe und grüne Bohnen
200 g junge Möhren
100 g Zucchini
400 g kleine festkochende Kartoffeln
1 Zwiebel
40 g Butter
1–2 TL Zucker
2 TL Mehl (Type 405)
250 ml Milch
300 ml Gemüsebrühe
250 ml Sahne
Salz
Pfeffer
1 Spritzer Weißweinessig
1 Bund gemischte Gartenkräuter (z. B. Petersilie, Kerbel, Dill, Pimpinelle und Bohnenkraut)

Die Erbsen aus den Schoten palen. Schnippelbohnen putzen und schräg in Rauten schneiden. Die Bohnen putzen und dritteln. Möhren schälen und in Scheiben schneiden. Zucchini waschen und längs halbieren, in Scheiben schneiden. Kartoffeln schälen und in Spalten schneiden. Zwiebel fein würfeln.

Kartoffeln, Möhren und Zwiebeln in schäumender Butter glasig dünsten. Schnippelbohnen und Bohnen zugeben, mit Zucker bestreuen und verrühren. Mit Mehl bestäuben, das Mehl unterrühren. Milch, Brühe und Sahne unterrühren. Offen unter gelegentlichem Rühren 15 Min. kochen.

Erbsen und Zucchini zugeben und weitere 5 Min. kochen. Das Gericht mit Salz, Pfeffer und einem Spritzer Essig würzen. Die Kräuter hacken und unterrühren, einmal aufkochen. In vorgewärmten Tellern servieren.

Lyoner-Rettich-Salat mit Löwenzahn

Schnell hergestellt und raffiniert ist dieser Wurstsalat mit knackigem Rettich, Radieschen und Löwenzahn in senfscharfer Vinaigrette. Für die nussigen Beluga-Linsen muss man nicht Aschenputtel sein und braucht auch keine fleißigen Tauben: Die Hülsenfrüchte gibt es, bereits durchsortiert, im Supermarkt.

Für 4 Personen
25 Minuten

50 g Beluga-Linsen*
2 EL Weißwein
2 EL Weißweinessig
1 EL scharfer Senf
6 EL Rapsöl
Salz
1 Prise Zucker
Pfeffer
1 Knoblauchzehe
4 Radieschen
100 g Rettich
1 kleines Bund zarter, junger Löwenzahn*
250–300 g Lyoner in Scheiben
schwarzer Pfeffer aus der Mühle

Die Linsen in Wasser ohne Salz 20 Min. kochen. Aus Weißwein, Weißweinessig, Senf und Rapsöl eine Vinaigrette anrühren, mit Salz, Zucker und Pfeffer würzen. Die geschälte Knoblauchzehe längs halbieren und in der Vinaigrette ziehen lassen.

Radieschen und Rettich waschen und putzen, den Rettich schälen. Radieschen und Rettich in feine Scheiben schneiden und leicht salzen. Löwenzahn in lauwarmem Wasser waschen und trocken schleudern.

Lyoner mit Rettich und Radieschen dachziegelartig auf Tellern oder einer Platte verteilen, leicht pfeffern. Die Linsen abgießen und kurz unter kaltem Wasser abspülen. Sie sollten noch lauwarm sein. Knoblauchhälften aus der Vinaigrette entfernen. Linsen in die Vinaigrette geben und über den angerichteten Wurstsalat träufeln. Mit Löwenzahn belegt servieren.

VARIANTEN: Dieser Salat schmeckt auch sehr gut mit anderen Wurstsorten, Aufschnitt-Resten oder kaltem Braten. Mit etwas Käse wird er zum Schweizer Wurstsalat. Wer mag, kann zusätzlich noch feine rohe Zwiebelringe unter die Vinaigrette mischen oder eine fein gewürfelte Schalotte.

***BELUGA-LINSEN** Beluga-Linsen (auch: schwarze Linsen) schmecken besonders nussig, müssen nicht eingeweicht werden und garen schnell. Ihre satte schwarze Farbe verlieren die »Kaviar-Linsen« beim Kochen allerdings ein bisschen.

***LÖWENZAHN** Löwenzahn gibt es im Frühling und Frühsommer auf dem Wochenmarkt, Sie können ihn aber auch selbst sammeln. Zarte, junge Blätter sind zu bevorzugen und schmecken am besten vor der Blütezeit, dann sind sie nur leicht bitter, mit einer zarten Süße.

Milchreis mit Holunder-Blaubeeren

Schmeckt am besten, wenn es draußen regnet und der Tag langsam wegdämmert: cremiger Milchreis in Kombination mit herb-süßer Holunder-Blaubeersauce, dazu ein gutes Buch – und den Teller mit aufs Sofa nehmen!

Für 4–6 Personen
50 Minuten

Für den Milchreis:
800 ml Milch
150 g Milchreis
Salz
100 g Zucker
40 g Butter

Für die Holunder-Blaubeersauce:
500 g Blaubeeren
250 ml ungesüßter Holundersaft
2–4 EL Blaubeermarmelade

Die Milch mit Milchreis und einer Prise Salz unter Rühren aufkochen. Zugedeckt bei geringer Hitze 25 Min. leise köcheln lassen, dabei immer wieder rühren. Dann Zucker und Butter zum Milchreis geben. Unterrühren und zugedeckt weitere 5 Min. leise köcheln lassen, dabei einmal rühren. Milchreis vom Herd nehmen und zugedeckt noch 15 Min. ziehen lassen.

Für die Holunder-Blaubeersauce die Hälfte der Blaubeeren mit Holundersaft und Blaubeermarmelade pürieren, aufkochen und 20 Min. offen köcheln lassen. Durch ein Sieb passieren, die übrigen Blaubeeren zugeben, einmal aufkochen und warm oder kalt zum Milchreis servieren.

Kürbissuppe mit gebratenem Kraut

Ein echter Hingucker ist die im Kürbis servierte cremige Kürbissuppe mit gebratenem Kraut. Der Deckel und das herausgeschnittene Fruchtfleisch reichen für eine gute Suppe. Nur was macht man nach dem Essen mit dem Kürbis? Na klar: neue Kürbissuppe!

Für 6 Personen
30 Minuten

Für die Kürbissuppe:
1 Muskatkürbis* (ca. 4 kg)
2 Zwiebeln
2 Sternanise
80 g Butter
1–2 Knoblauchzehen
20 g Ingwer
250 ml Weißwein
1 ½ l Gemüsebrühe
250 ml Sahne
Salz
1–2 EL Apfelessig
Cayennepfeffer

Für das gebratene Kraut:
250 g Sauerkraut
2 Schalotten
2 EL Sonnenblumenöl
1–2 TL Zucker
Salz
1 Zweig Majoran
(wahlweise Petersilie)

Für die Kürbissuppe den Deckel von dem Kürbis abschneiden, schälen und das Kürbisfleisch grob würfeln. Aus dem Kürbis die Kerne herausschaben. So viel von dem Kürbisfleisch herausschneiden und grob würfeln, dass zusammen mit dem Kürbisfleisch des Deckels insgesamt 1 kg Kürbisfleisch zusammenkommt.

Die Zwiebeln schälen, fein würfeln und mit dem Kürbisfleisch und den Sternanisen in einem großen Topf in Butter glasig dünsten. Knoblauch schälen und pressen, Ingwer schälen und fein reiben, beides unterrühren. Mit Weißwein ablöschen und 3 Min. offen kochen. Mit Brühe auffüllen und zugedeckt 30 Min. kochen. Die Sahne zugeben und offen weitere 20 Min. kochen. Die Sternanise herausfischen, und die Suppe fein pürieren. Mit Salz, Apfelessig und Cayennepfeffer abschmecken.

Für das gebratene Kraut das Sauerkraut auspressen, den Saft auffangen. Die Schalotten schälen, fein würfeln und mit dem Kraut in einer Pfanne im heißen Öl bei mittlerer Hitze unter Rühren 10–12 Min. goldbraun braten. Zucker zugeben. Den Sauerkrautsaft angießen und offen kochen, bis alle Flüssigkeit verdampft ist. Mit Salz würzen. Mit abgezupften Majoranblättchen bestreut zur Suppe servieren.

TIPP: Für das gebratene Kraut eignet sich hervorragend das Weißwein-Birnenkraut von S. 120.

VARIANTEN: Für eine fruchtige Note ersetzen Sie 250 ml der Gemüsebrühe oder den Wein durch Orangensaft. Sehr gut schmeckt die Suppe auch, wenn Zwiebeln und Kürbisfleisch mit 1–2 EL Currypulver angedünstet werden.

***MUSKATKÜRBIS**

Der Muskatkürbis, auch Muscat de Provence genannt, ist ein festfleischiger Kürbis, der bis zu 15 kg schwer werden kann. Sein Fleisch schmeckt süß-fruchtig und eignet sich hervorragend für Suppen. Er kann auch roh gegessen werden, bspw. gerieben als Rohkostsalat mit einer Vinaigrette aus Orangensaft, Essig und Öl.

Blaue Kartoffeln mit Kräuterquark und Brezel-Radieschen-Salat

Ein Abendessen oder eine Brotzeit vom Feinsten: Der bayerische Brezel-Radieschen-Salat ist vom italienischen Brotsalat inspiriert, dazu gibt's edle blaue Pellkartoffeln mit Gartenkräuterquark.

Für 4 Personen
30 Minuten

Für die Kartoffeln mit Quark:

600 g Blaue Kartoffeln*
Salz
1 Schalotte
500 g Sahnequark
1 Bund Gartenkräuter (z. B. Schnittlauch, Dill, Kerbel, Petersilie)
1 TL Weißweinessig
1 EL Rapsöl

Für den Brezel-Radieschen-Salat:

1 Brezel
1 großes Bund Radieschen
4 EL Gemüsebrühe
1 EL Dijon-Senf
4 EL Weißweinessig
2 EL Weißwein
1 Schalotte
2 Zweige Petersilie

Die Kartoffeln mit Schale in Salzwasser in 15–20 Min. weich kochen. Die Schalotte schälen und fein schneiden, mit dem Quark verrühren. Gartenkräuter fein hacken oder schneiden und unter den Salat rühren. Den Quark mit Essig, Öl und Salz abschmecken.

Für den Brezel-Radieschen-Salat die Brezel mit einem Brotmesser in feine Scheiben schneiden. Die Radieschen waschen, putzen, vierteln und mit den Brezeln in eine Schüssel geben. Die Brühe mit Senf, Essig und Wein verrühren. Die Schalotte schälen, fein würfeln und unter die Vinaigrette rühren. Den Brezel-Radieschen-Salat damit marinieren. Die Petersilie zupfen und unterheben. (Salz wird nicht benötigt, denn die Brezel selbst bringt schon viel Salz mit, eventuell ist es sogar sinnvoll, das Salz auf der Brezel vor dem Schneiden etwas zu entfernen.)

Die Kartoffeln abgießen und mit Quark und Salat servieren, gepellt wird bei Tisch.

VARIANTEN: Statt der Blauen Kartoffeln können Sie natürlich auch andere festkochende Kartoffeln verwenden und beim Quark die Kräuter nach Marktlage variieren.

***BLAUE KARTOFFELN**

Diese Kartoffeln sind sortenreich und werden an der Loire auch als Trüffelkartoffel bezeichnet, in Franken ist man stolz auf die Blaue Anneliese und Königspurpur, es gibt die Violetta, die Vitelotte, das Badenser Blauhörnchen und den Blauen Schweden. Neben der Farbe überzeugen die blauen Knollen natürlich auch geschmacklich.

DORNRÖSCHEN

Für Gäste

Es waren einmal eine Königin und ein König, die wünschten sich sehnlichst ein Kind, bekamen aber zu ihrem großen Unglück keines. Eines Tages, die Königin saß gerade am Rande des Badesees im Schlosspark, kroch ein Frosch aus dem Wasser ans Ufer und quakte: »Euer Wunsch wird erfüllt werden! Noch ehe ein Jahr vergeht, werdet Ihr eine Tochter zur Welt bringen!«

Und es geschah, wie der Frosch es prophezeit hatte, und die Königin gebar ein Mädchen, das so schön war, dass der König gar nicht wusste, wohin mit sich vor lauter Freude. Also gab er ein großes Fest. Er lud nicht nur Verwandte, Freunde und Bekannte ein, sondern auch die weisen Frauen, damit diese dem Kind hold und gewogen waren. Dreizehn weise Frauen gab es im Land, weil aber der König nur zwölf goldene Teller für Ehrengäste besaß, musste eine weise Frau zu Hause bleiben.

Das Fest wurde in aller Pracht gefeiert, und am Ende beschenkten die weisen Frauen das Kind mit ihren Wundergaben: Die eine mit Tugend, die andere mit Schönheit, die Dritte mit Reichtum, und so ging es weiter mit allen guten Wünschen dieser Welt. Nachdem die Elfte ihren Glücksspruch vorgetragen hatte, trat plötzlich die dreizehnte weise Frau in den Saal. Sie wollte sich dafür rächen, dass sie nicht eingeladen worden war – ohne jemanden zu grüßen oder anzusehen, rief sie mit lauter Stimme:

»Die Königstochter soll sich in ihrem fünfzehnten Lebensjahr an einer Spindel stechen und tot umfallen! «

Sie drehte sich auf dem Absatz um und verließ den Saal. Alle waren zutiefst schockiert.

Da trat die zwölfte weise Frau hervor, die ihren Glückwunsch noch nicht ausgesprochen hatte. Weil sie aber den bösen Spruch nicht aufheben, sondern nur abmildern konnte, sprach sie: »Die Königstochter soll nicht sterben, sondern lediglich in einen hundertjährigen tiefen Schlaf fallen.« Der König, der seine liebe Tochter vor dem Unglück bewahren wollte, ließ sogleich den Befehl ausgeben, dass alle Spindeln im ganzen Königreich verbrannt werden sollten.

Die guten Wünsche der weisen Frauen erfüllten sich mit den Jahren allesamt, das Mädchen war schön, hatte Benimm, war freundlich und verständnisvoll, alle Herzen flogen ihm zu.

Am Tag, an dem das Kind vierzehn Jahre alt wurde, fuhren die Eltern in die Stadt, um Geschenke zu kaufen. Das Mädchen blieb allein im Schloss zurück, lief von Zimmer zu Zimmer, schaute in Stuben und Kammern und gelangte schließlich zu einem alten Turmaufgang. Es stieg die enge Wendeltreppe hinauf bis zu einer kleinen Tür, in der ein verrosteter Schlüssel steckte, drehte den Schlüssel, und die Tür sprang auf. Im Turmstübchen saß eine alte Frau mit einer Spindel und spann emsig Leinen.

»Guten Tag, du altes Mütterchen«, grüßte das Mädchen höflich. »Was machst du denn da?«

»Ich spinne Garn«, erklärte die Alte und nickte mit dem Kopf. »Und was ist das für ein Ding, das da so lustig umherspringt?«, fragte das Mädchen, griff nach der tanzenden Spindel und stach sich damit in den Finger. Im Augenblick, als sie den Schmerz spürte, fiel sie auf das Bett in der Turmstube und in einen tiefen Schlaf – der Zauberspruch war in Erfüllung gegangen.

Und dieser Schlaf breitete sich über das ganze Schloss aus. Der König und die Königin, die soeben nach Hause gekommen waren, schliefen im großen Saal ein und mit ihnen der ganze Hofstaat. Es schliefen auch die Pferde im Stall, die Hunde schnarchten im Hof, die Tauben dämmerten auf dem Dach, und die Fliegen ruhten an den Wänden. Selbst das flackernde Feuer im Ofen knisterte leiser und leiser und schlief ein, der Braten hörte auf zu brutzeln, und der Koch, der eben noch den Küchenjungen an den Haaren gezogen hatte, weil dieser etwas vergessen hatte, ließ ihn los und entschlummerte. Draußen legte sich der Wind, und in den Bäumen vor dem Schloss regte sich kein Blättchen mehr.

Rund um das Schloss wuchs eine Dornenhecke, die im Laufe der Jahre immer höher wurde, bis das gesamte Schloss zugewachsen und nicht mehr zu sehen war, selbst die Fahne auf dem Dach verschwand unter dem dichten Grün.

Die Leute im Reich des Königs aber erzählten einander die Sage vom schönen, schlafenden Dornröschen, und von Zeit zu Zeit versuchten Königssöhne, durch die Heckenrosenwand zum Schloss zu gelangen. Doch die Dornen hielten so fest zusammen, als hätten sie Hände, und die Jünglinge blieben in den Hecken und an den Dornen hängen.

Nach vielen langen Jahren ritt wieder einmal ein Königssohn durchs Land und hörte, wie ein alter Mann von einer Dornenhecke erzählte, hinter der ein Schloss stehen solle, in dem seit hundert Jahren eine wunderschöne Königstochter namens Dornröschen schliefe – und mit ihr der König und die Königin und der ganze Hofstaat. Der alte Mann wusste von seinem Großvater, dass schon viele Königssöhne jämmerlich gescheitert waren beim Versuch, die Hecke zu durchdringen und ins Schloss zu gelangen.

»Ich fürchte mich nicht, das schöne Dornröschen will ich mir mal ansehen!«,

sagte der Jüngling und schwang sich aufs Pferd. Der Alte versuchte noch, ihm abzuraten, doch vergebens, der Königssohn wollte nicht auf ihn hören.

Und der mutige Prinz hatte Glück, denn gerade als er das Schloss erreichte, waren hundert Jahre verstrichen und der Tag gekommen, an dem Dornröschen wieder erwachen sollte. Als sich der Königssohn der Hecke näherte, waren die dornigen Rosen zu schönen, großen Blumen erblüht, wie ein Vorhang teilte sich die Hecke vor ihm, ließ ihn unbeschadet passieren und schloss sich wieder hinter ihm.

Im Schlosshof sah der Königssohn die Pferde und Jagdhunde liegen und schlafen, auf dem Dach saßen die Tauben und hatten die Schnäbel unter ihre Flügel gesteckt. Als er das Schloss betrat, fand er schlafende Fliegen an den Wänden, der Koch hatte seine Hand im Traum nach dem Küchenjungen ausgestreckt, und die Magd saß reglos mit einem schwarzen Huhn, das gerupft werden sollte, auf einem hölzernen Küchenstuhl, alle schliefen tief und fest. So still war es im Schloss, dass der Prinz seinen eigenen Atem hören konnte.

Endlich entdeckte er den Turmaufgang, ging hinauf und öffnete die Tür zu der kleinen Stube, in der Dornröschen schlief. Es lag da und sah so zauberhaft aus, dass der Prinz nicht wegschauen konnte, er bückte sich und gab Dornröschen einen sanften Kuss. Kaum dass sich ihre Lippen berührt hatten, erwachte Dornröschen, schlug die Augen auf und erblickte freudig überrascht den Prinzen.

Zusammen gingen sie nach unten, und dort erwachten der König und die Königin und der ganze Hofstaat, und alle sahen einander mit großen Augen der Verblüffung an. Die Pferde im Hof erhoben sich wiehernd und schüttelten die Mähnen, die Jagdhunde rannten schwanzwedelnd umher, und die Tauben auf dem Dach zogen die Schnäbel unter den Flügeln hervor, spreizten ihr Gefieder und flogen ins Feld. Die Fliegen huschten über die Wände, das Feuer in der Küche erhob sich flackernd, und der Braten brutzelte wieder. Der Koch gab dem Küchenjungen eine ordentliche Backpfeife, und die Magd rupfte das Huhn fertig.

In den kommenden Tagen diskutierte man noch oft die Geschehnisse, und immer wollte jemand wissen, welches Jahr denn nun eigentlich sei. Dornröschen und der Prinz saßen dabei, hörten zu, betrachteten einander und verliebten sich sehr. Bald wurde eine prächtige Hochzeit gefeiert, und sie lebten ausgeschlafen und vergnügt bis an ihr Ende.

Rahmige Forellen-Rauchsuppe mit Gartengurken

Kartoffeln bilden die Basis für diese feine Rahmsuppe, die durch die geräucherte Forelle eine leichte Rauchnote erhält, dazu gibt es kurz geschmortes Gartengurken-Gemüse. Die elegante Suppe ist auch bestens als Vorspeise für Lieblingsgäste geeignet.

Für 4–6 Personen
55 Minuten

1 ganze Räucherforelle
700 ml Fischfond (wahlweise Gemüsebrühe)
500 g mehligkochende Kartoffeln
1 Gemüsezwiebel
80 g Butter
100 ml Weißwein
500 g Gartengurken*
1 Schalotte
je 1 Msp. Koriander-, Senf- und Kümmelsaat
1 EL brauner Zucker
Salz
6 Zweige Dill
2–4 TL Weißweinessig
200 ml Sahne
weißer Pfeffer aus der Mühle

Kopf und Schwanz der Forelle abtrennen, die Filets von den Gräten lösen. Eines der beiden Filets häuten. Haut, Schwanz und Gräte mit dem Fond einmal aufkochen, den Fond dann durch ein Sieb passieren.

Die Kartoffeln schälen und grob würfeln. Die Zwiebel fein würfeln und in einem Topf mit den Kartoffeln in 40 g Butter glasig dünsten. Mit Weißwein ablöschen und aufkochen. Den Fond zugießen. Offen 30 Min. kochen.

Inzwischen die Gurken längs halbieren, entkernen und das Fruchtfleisch fein würfeln. Die Schalotte schälen und fein würfeln, und alles in 40 g Butter glasig dünsten. Koriander-, Senf- und Kümmelsaat leicht andrücken und zugeben. Mit dem Zucker bestreuen, salzen und bei geringer Hitze offen 8–10 Min. schmoren. Dill fein schneiden und unterrühren. Mit 1–2 TL Weißweinessig leicht säuerlich abschmecken.

100 g von der gehäuteten Forelle mit der Sahne zur Suppe geben, und die Suppe offen weitere 5 Min. kochen. Mit dem Stabmixer fein pürieren, die Suppe mit Salz, Pfeffer und 1–2 TL Weißweinessig abschmecken. Übriges Forellenfleisch vierteln (wahlweise mit oder ohne Haut servieren, die Haut wird nicht mitgegessen) und in vorgewärmten Tellern mit der Suppe und den Gartengurken anrichten.

***GARTENGURKEN**

Gartengurken (auch: Schäl- oder Schmorgurken) sind größere hellgrün- hellgelbe Gurken, mit festerer Schale und einem intensiven Aroma, ihr Fruchtfleisch ist weißlich. Saison haben sie im Spätsommer und Herbst. Dieses Gericht lässt sich aber auch mit Bio-Freilandgurken oder Schlangengurken zubereiten, die Garzeit beim Schmoren verkürzt sich dann etwa um die Hälfte.

Prinzenröllchen

Das schmeckt auch dem gemeinen Volk: zartes Kalbfleisch mit Spinatfüllung auf Kürbis-Rosenkohl-Gemüse à la creme! So eine Prinzenrolle weckt die Lebensgeister – man muss dafür aber nicht zwingend hundert Jahre vorschlafen.

Für 4 Personen
40 Minuten

Für die Kalbsröllchen:
400 g Spinat
2 Schalotten
25 g Butter
1 TL Abrieb von 1 Bio-Zitrone
Salz
8 dünne Kalbsschnitzel à ca. 70 g
1–2 EL Dijon-Senf
4 EL Olivenöl
50 ml Weißwein
200 ml Gemüsebrühe
Pfeffer

Für das Kürbis-Rosenkohl-Gemüse:
300 g Kürbis (z. B. Muskat, Hokkaido oder Butternuss)
300 g Rosenkohl
2 Schalotten
4 EL Olivenöl
Salz
1 TL Bohnenkraut
50 ml Weißwein
100 ml Gemüsebrühe
200 ml Sahne
Pfeffer

Für die Kalbsröllchen den Spinat putzen, waschen und trocken schleudern. Schalotten schälen, fein würfeln und in der Butter glasig dünsten. Den Spinat zugeben und zusammenfallen lassen. Mit Zitronenabrieb und Salz würzen. Abkühlen lassen.

Die Schnitzel zwischen Frischhaltefolie flach klopfen, salzen und ganz dünn mit Senf bestreichen. Spinat trocken ausdrücken und auf die Schnitzel verteilen. Aufrollen, und die Rouladen mit Zahnstochern fixieren. Jetzt das Gemüse vorbereiten, dann erst die Rouladen garen.

Für das Kürbis-Rosenkohl-Gemüse den Kürbis schälen und fein würfeln. Rosenkohl putzen, die Röschen halbieren und blättrig auseinanderdrücken. Die Schalotten schälen und fein würfeln.

Öl in einer großen Pfanne erhitzen, die Kürbiswürfel darin 5 Min. bei mittlerer Hitze hell braten. Rosenkohl und Schalotten zugeben, salzen und so lange weiterbraten, bis die Blätter leicht Farbe nehmen. Bohnenkraut zugeben. Mit Weißwein ablöschen und verkochen lassen. Mit Brühe und Sahne auffüllen und offen dicklich einkochen. Zum Schluss mit Salz und Pfeffer würzen.

Nun die Rouladen garen: Öl in einer Pfanne erhitzen, die Rouladen darin rundum braun anbraten. Mit Wein ablöschen. Aufkochen, Brühe zugeben, und die Rouladen bei geringer Hitze zugedeckt 8 Min. schmoren. Mit Salz und Pfeffer würzen und zugedeckt noch 5 Min. ruhen lassen.

Spargelsalat mit Rhabarber-Vinaigrette und Rosen

Manchmal muss man einfach das Beste aus seiner Situation machen, und sollte das nächste Mal im Schloss ein Überhang an dornigen Rosenhecken festgestellt werden, empfehlen wir Dornröschen, diesen vornehmen Salat zu bereiten.

Für 4 Personen
25 Minuten

4 EL Rhabarbersaft
4 EL Rotweinessig
2 rote Rosenblüten
750 g weißer Spargel
1 EL Zucker
Salz
300 g Erbsen in der Schote (wahlweise 150 g aufgetaute TK-Erbsen)
2 EL Honig
8 EL Sonnenblumenöl
40 g Erbsensprossen

Rhabarbersaft und Rotweinessig mit den Blättern einer Rosenblüte vermischen, die Rosenblätter dafür zwischen den Fingern leicht zerdrücken. Ziehen lassen. Spargel schälen, die Enden dünn abschneiden, und die Stangen bis zur weiteren Verwendung in ein feuchtes Geschirrtuch wickeln. Die Schalen mit dem Zucker und 2 l Salzwasser bedeckt in einem Topf langsam aufkochen. Schalen mit einer Schaumkelle entfernen. Den Spargelsud aufkochen und bei geringer Hitze leise köcheln lassen.

Erbsen aus den Schoten palen. Den geschälten Spargel im Spargelkochsud, je nach Dicke der Stangen, in 8–12 Min. bissfest garen. Die Erbsen 3–5 Min. mitkochen. Abgießen und die Gemüse in kaltem Wasser lauwarm abkühlen. Auf Küchenpapier abtropfen lassen, salzen und auf Tellern oder einer Platte anrichten.

Rhabarbersaft und Rotweinessig durch ein Sieb passieren und mit Honig und Öl eine Vinaigrette anrühren, mit Salz würzen. Erbsensprossen in lauwarmem Wasser waschen und trocken schleudern. In der Vinaigrette marinieren, abtropfen lassen und den Spargel damit toppen. Übrige Vinaigrette über den Salat träufeln und mit den restlichen Rosenblättern bestreut sofort servieren.

TIPP: Zum Spargelsalat passen hervorragend ein Stück gebratener Saibling (s. S. 67) oder Lachsforelle.

VARIANTEN: Statt der Erbsensprossen können Sie auch Alfalfasprossen, Löwenzahn oder einige Blätter Friséesalat verwenden.

Falsche, falsche Prinzregententorte

Die Prinzregententorte ist ein Klassiker des deutschen Spitzenkochs Otto Koch, die eigentlich mit Kalbsjus serviert wird. In dieser vereinfachten Abwandlung macht die Portwein-Buttersauce mit Trüffeln ein gänzlich vegetarisches Festessen für Gäste daraus.

Für 4–6 Personen
35 Minuten plus
2 Stunden zum Trocknen

Für die Pilztorte:

1 kg braune Champignons
60 g Butter
4 Eier (M)
200 ml Milch
Salz
100 g Mehl (Type 405)
Öl zum Backen der Crêpes
2 Schalotten
Pfeffer

Für die Portwein-Sauce:

4 Schalotten
120 g kalte Butter
2 Zweige Thymian
2 EL brauner Zucker
¼ l roter Portwein
¼ l Gemüsebrühe
Salz
1 Trüffel
einige Stängel Schnittlauch

Die Champignons putzen und in der Küchenmaschine oder von Hand mit einem Messer grob hacken. Pilzhack auf einem mit Backpapier ausgelegten Blech ausbreiten und 2 Stdn. trocknen lassen. Dabei fermentiert die Pilzmasse leicht, und das Pilzhack dunkelt ein.

40 g Butter schmelzen und mit Eiern, 100 ml Wasser, Milch und einer Prise Salz verquirlen. Mehl zugeben, und alles zu einem glatten Teig verrühren. 10 Min. ziehen lassen. In einer zwischendurch immer wieder dünn mit Öl ausgestrichenen kleinen beschichteten Pfanne nacheinander sechs Crêpes backen.

Den Backofen auf 100 °C vorheizen. Schalotten schälen, fein würfeln und in einer großen Pfanne in 20 g Butter glasig dünsten. Pilze zugeben und schmoren und braten, bis beinahe alle Flüssigkeit verdampft ist. Die Pilze mit Salz und Pfeffer würzen. Abwechselnd Crêpes und Pilzmasse zu einer Torte schichten (s. Tipp) und mit Alufolie bedeckt im Ofen warm stellen.

Für die Portwein-Sauce die Schalotten schälen, fein würfeln und in einem Topf in 20 g Butter glasig dünsten. Thymianzweige und Zucker zugeben. 1 Min. schmoren. Mit Portwein ablöschen und offen dicklich einkochen. Thymian entfernen, die Brühe zugießen und nochmals offen dicklich einkochen. 100 g Butter in Würfel schneiden und nach und nach mit dem Stabmixer unter die Sauce pürieren. Die Sauce durch ein Sieb passieren, mit Salz würzen und warm stellen.

Trüffel erst in Scheiben, dann in Stifte schneiden. Schnittlauch in feine Röllchen schneiden. Die Torte aus dem Ofen nehmen, mit einem scharfen Messer in Stücke schneiden und auf vorgewärmten Tellern mit der Sauce anrichten. Mit Trüffelspänen und Schnittlauch garnieren und sofort servieren.

TIPP: Es geht auch ohne, aber ganz besonders schön gelingt die Torte, wenn die Pfannkuchen mit den Pilzen in eine kleine Springform (Ø 16 cm) geschichtet werden, die in eine kleine Pfanne ungefähr gleichen Durchmessers gestellt wird. Beim Erwärmen im Ofen kann man dann sicher sein, dass die Torte wirklich saftig bleibt.

»DIE DORNEN HIELTEN FEST ZUSAMMEN, UND DIE JÜNGLINGE BLIEBEN IN DEN DORNEN HÄNGEN«

Himbeer-Cupcakes

Wir glauben: Auch Dornröschen liebt es rosa, und die cremig-fruchtigen, nach Rosenlikör duftenden Cupcakes sind sicher genau sein Ding!

Für 12 Stück
1 ½ Stunden

Für die Cupcakes:
100 g Marzipanrohmasse
150 g weiche Butter
75 g Zucker
Salz
3 Eier (M)
2 EL Rosenlikör (gekauft oder selbst gemacht, s. S. 55)
80 g Mehl (Type 405)
100 g gemahlene Mandeln
1 gestr. TL Backpulver
250 g Himbeeren

Für die Creme:
2 EL Himbeermarmelade
250 g weiche Butter
2 EL Puderzucker
1 EL Rosenlikör (gekauft oder selbst gemacht, s. S. 55)

Außerdem:
12 Muffin-Papierförmchen

Für die Cupcakes die Marzipanmasse raspeln und mit Butter, Zucker und einer Prise Salz mit den Quirlen des Handrührgeräts cremig rühren. Die Eier nacheinander (!) unterrühren, zum Schluss den Rosenlikör zugeben. Mehl sieben, mit Mandeln und Backpulver mischen und rasch unter den Teig rühren.

Den Backofen auf 200 °C vorheizen. Die 12 Mulden des Muffinblechs mit 12 Papierförmchen auslegen, den Teig auf die Förmchen verteilen und in jedes Küchlein vier Himbeeren drücken. Auf der zweiten Schiene von unten 25–30 Min. backen. Die Cupcakes in den Förmchen aus den Mulden nehmen und auskühlen lassen.

Für die Creme die Himbeermarmelade durch ein Sieb streichen. Butter, Puderzucker und Rosenlikör mit den Quirlen des Handrührgeräts in 3–5 Min. hellschaumig aufschlagen. Himbeermarmelade unterrühren. Die Creme in einen Spritzbeutel mit Sterntülle füllen und auf die Cupcakes spritzen. Mit den übrigen Himbeeren garnieren.

Pfannkuchen mit zweierlei Pflaume

Goldbraune Pfannkuchen mit der doppelten Portion Pflaume: gefüllt mit süßem Pflaumenmus und serviert mit warmem Pflaumenkompott. Hui! Danach ein Schläfchen. Müssen ja nicht gleich hundert Jahre draus werden.

Für 4–6 Personen
45 Minuten

Für die Pfannkuchen:
4 Eier (M)
½ l Milch
50 g Zucker
300 g Mehl (Type 405)
Salz
Öl zum Backen der Pfannkuchen
Pflaumenmus nach Belieben

Für das Pflaumenkompott:
400 g Pflaumen
2 EL brauner Zucker
2–3 TL Pflaumenschnaps
1 Sternanis

Für die Pfannkuchen die Eier trennen. Eigelbe mit Milch und Zucker verrühren. Mit dem gesiebten Mehl zu einem glatten Teig verrühren. 10 Min. quellen lassen. Eiweiße und eine Prise Salz in einer Rührschüssel mit den Quirlen des Handrührgeräts auf höchster Stufe steif schlagen und unter den Teig heben.

Den Backofen auf 80 °C vorheizen. Eine beschichtete Pfanne mit Öl ausstreichen, etwas Teig einfließen lassen, sodass der Boden der Pfanne bedeckt ist. 2–3 Min. backen, den Pfannkuchen dann wenden und nochmals 1 Min. backen. Auf diese Weise Pfannkuchen backen, bis der Teig verbraucht ist. Schon gebackene Pfannkuchen im Ofen warm halten.

Für das Pflaumenkompott die Pflaumen waschen, vierteln und entsteinen. Mit Zucker, Pflaumenschnaps und Sternanis in einem Topf mischen und 15 Min. ziehen lassen, bis die Früchte etwas Saft gezogen haben. Den Topf aufsetzen und die Pflaumen, je nach Reife, einige Min. offen schmoren, bis sie weich sind. Sternanis entfernen. Das Pflaumenkompott schmeckt warm oder kalt.

Die Pfannkuchen mit Pflaumenmus bestreichen, zusammenklappen und mit Kompott auf vorgewärmten Tellern servieren.

TIPP: Dazu passen ausgezeichnet frisch geschlagene Sahne oder Vanilleeis.

Rosenlikör

Dieser hausgemachte Likör fängt den Duft von Rosenblüten in der Sommersonne ein – ein ganz besonderes Aroma, zum selbst Genießen oder als feines Gastgeschenk.

Für ca. 750 Milliliter
10 Minuten plus
1 Woche zum Ziehen

50 g rote Rosenblätter
100 g Zucker
550 ml Wodka
50 ml Aperol

Außerdem:
verschließbare Flasche

Die Rosenblätter leicht andrücken und in eine verschließbare, saubere und trockene Flasche füllen. Den Zucker einrieseln lassen und mit Wodka und Aperol auffüllen. Die Flasche verschließen und den Rosenlikör bei Zimmertemperatur 1 Woche ziehen lassen. Die Flasche vor allem anfangs ab und zu drehen und etwas schütteln, bis sich der Zucker gelöst hat.

Den Likör durch ein Sieb passieren, die Rosenblätter gut ausdrücken. Den Likör zurück in die Flasche geben. Verschlossen im Kühlschrank gelagert, hält der Rosenlikör monatelang.

TIPP: Der Rosenlikör schmeckt pur, mit Orange und Soda auf Eis oder als Rosenwasser-Sprizz. Hierfür pro Person 3–4 Eiswürfel und eine Orangenscheibe in ein Glas geben, mit 4 cl Rosenlikör, 2 cl eiskaltem Mineralwasser mit Kohlensäure und 6 cl eiskaltem Sekt (oder Weißwein) auffüllen.

RAPUNZEL

Verführerische Sünden

Es waren einmal eine Frau und ein Mann, die wünschten sich lange vergeblich ein Kind, und die Frau glaubte bald nicht mehr daran, dass der liebe Gott ihren Wunsch je erfüllen würde. Im Hinterhaus der Eheleute konnte man durch ein kleines Fenster hinaus in einen prächtigen Garten sehen, in dem die farbenfrohsten Blumen und grüne Kräuter wuchsen, zarter Kerbel und Pimpinelle, Estragon und duftender Salbei, sonnenwarmer Rosmarin und Thymian, es roch nach Bärlauch und Minze. Der Garten war aber von einer Mauer umgeben, und niemand wagte hineinzugehen, denn er gehörte einer Zauberin, die große Macht besaß und von allen gefürchtet wurde.

Eines Tages stand die Frau am Fenster, sah hinab in den üppigen Garten und entdeckte ein Beet, das mit den schönsten Rapunzeln bewachsen war, so frisch und grün, dass die Frau ordentlich Appetit bekam und große Lust auf eine Schale Rapunzelsalat. Jeden Tag wuchs ihre Lust auf die Rapunzeln, weil sie aber wusste, dass es unmöglich war, an das Gemüse heranzukommen, wurde sie ganz blass und elend.

»Was fehlt dir, liebe Frau?«, fragte der besorgte Ehemann bald. »Ach, ich sterbe, wenn ich nicht bald eine große Schale Rapunzeln aus dem Garten hinter unserem Haus zu essen kriege!«

Der Mann, der seine Frau liebte, dachte bei sich: Also, bevor sie stirbt, geh ich doch lieber mal schnell nach nebenan und hol ihr die Rapunzeln – koste es, was es wolle! In der Abenddämmerung stieg er über die Mauer in den Zaubergarten, erntete eine Handvoll Rapunzeln und brachte sie seiner Frau. Die rührte sich aus Essig, Senf und Öl eine Vinaigrette, schnitt Kräuter fein und gab den gewaschenen Salat dazu, würzte mit Salz, einer Prise Zucker und frisch gemahlenem schwarzem Pfeffer aus der Mühle und machte sich einen Salat daraus, den sie in Windeseile bis aufs letzte Blättchen verputzte. Der Salat hatte aber derartig gut geschmeckt, dass sie am nächsten Tag dreimal so viel Lust auf Rapunzeln hatte.

Ihr Mann musste also in der Abenddämmerung nochmals los, er stieg über die Mauer in den Garten – und erschrak gewaltig! Vor ihm stand die Zauberin. »Wie kannst du es wagen«, rief sie mit zornigem Blick, »in meinen Garten zu steigen und wie ein Dieb meine Rapunzeln zu stehlen? Das wirst du bereuen!« Der Mann flehte verzweifelt: »Ach, bitte, lasst Gnade vor Recht ergehen, ich habe aus Not gehandelt! Meine Frau hat vom Fenster aus Eure Rapunzeln erblickt und bekam so große Lust darauf, dass sie meinte, sterben zu müssen, wenn sie nichts davon zu essen bekäme.«

Da beruhigte sich die aufgebrachte Zauberin ein wenig und sprach: »Wenn das so ist, erlaube ich dir, so viele Rapunzeln mitzunehmen, wie du willst. Als Gegenleistung musst du mir aber das Kind geben, das deine Frau zur Welt bringt. Es soll ihm gut gehen, und ich will ihm eine gute Mutter sein!« Eingeschüchtert sagte der Mann alles zu. Als seine Frau Monate später ein Kind gebar, war die Zauberin sogleich zur Stelle, gab dem Kind den Namen Rapunzel und nahm es mit sich fort. Rapunzel wurde das schönste Kind unter der Sonne.

Als das Mädchen zwölf Jahre alt war, schloss die Zauberin es in einen Turm ein, der im Wald lag und weder Treppen noch Türen besaß, nur ganz oben war ein kleines Fensterchen eingelassen. Wenn die Zauberin das Mädchen besuchen wollte, stellte sie sich an den Fuß des Turmes und rief:

»Rapunzel, Rapunzel,
lass dein Haar herunter!«

Rapunzel hatte lange, prächtige Haare, fein wie gesponnenes Gold, und wenn sie die Zauberin hörte, löste sie ihre Zöpfe und wickelte diese um einen Fensterhaken – dann fielen die Haare zwanzig Meter tief hinunter, und die Zauberin kletterte daran herauf.

Nach ein paar Jahren kam eines Tages der Sohn des Königs durch den Wald geritten und entdeckte den Turm. Von dort vernahm er einen Gesang, der so lieblich war, dass er stehen blieb und horchte. Es war das einsame Mädchen Rapunzel, das sich die Zeit im Turm mit Singen vertrieb. Der Prinz wollte sehen, wer da sang, und suchte nach einer Tür im Turm, doch es war keine zu finden. Enttäuscht begab er sich nach Hause. Doch der Gesang hatte sein Herz so sehr berührt, dass er nun jeden Tag zu dem Turm im Wald ritt und zuhörte. Hinter einem dicken Baum stehend, sah er eines Tages, wie die Zauberin zu Besuch kam, und hörte, wie sie hinaufrief: »Rapunzel, Rapunzel, lass dein Haar herunter!«

Rapunzel ließ die geflochtenen Zöpfe an der Turmmauer hinabgleiten, und die Zauberin stieg daran herauf. Der Prinz nickte wissend hinter seinem Baum: Wenn das die Leiter war, mit der man hinauf- und hineinkam, würde er sein Glück gerne auch mal versuchen. In der Abenddämmerung des folgenden Tages schlich er zum Turm und rief:

»Rapunzel, Rapunzel, lass dein Haar herunter!«

Schon fielen die Haare herab, und der Königssohn kletterte hinauf. Rapunzel erschrak gewaltig, als plötzlich ein Mann vor ihr stand, wie sie noch keinen gesehen hatte, doch der Prinz erklärte freu ndlich, dass sein Herz von Rapunzels Gesang so sehr bewegt worden sei, dass er keine Ruhe mehr fand: »Ich musste Euch sehen!«

Da verlor Rapunzel ihre Angst, und als der gut aussehende, junge Prinz sie fragte, ob sie seine Frau werden wolle, dachte Rapunzel: Der mag mich lieber als die alte Zauberin. Sie sagte Ja und legte ihre Hand in seine. »Ich will gerne mit dir gehen, weiß aber nicht, wie ich den Turm verlassen kann«, sprach sie nachdenklich. »Aber pass auf, ich hab eine Idee. Bring doch jedes Mal, wenn du mich besuchen kommst, ein Knäuel Seidenfäden mit, daraus flechte ich eine Leiter, und wenn die fertig ist, steige ich daran herunter, und du nimmst mich mit auf deinem Pferd.«

Jeden Abend sollte er nun vorbeikommen, denn tagsüber war die Zauberin zu Besuch. Die bemerkte erst nichts von den Heimlichkeiten, doch eines Tages verriet sich Rapunzel durch einen Versprecher: »Sagen Sie, wie kommt es eigentlich, dass Sie viel schwerer heraufzuziehen sind als der Prinz, der hier abends immer vorbeischaut?«

Die Zauberin erstarrte. »Du gottloses Kind!«, rief sie zornig. »Was muss ich hören! Ich dachte, ich hätte dir die Männer erspart, und du hintergehst mich!« Sie griff in Rapunzels schöne Haare, schlang diese mehrfach um ihre linke Hand, griff mit der rechten Hand eine Schere, und ritsch-ratsch-schnipp-schnapp lagen die schönen Zöpfe auf dem Boden. Dann brachte sie die arme Rapunzel weit fort in ein Heim, nie mehr sollte Rapunzel den Prinzen sehen können.

Am Abend band die Zauberin die abgeschnittenen Zöpfe oben am Fensterrahmen fest, und als der Königssohn kam und rief: »Rapunzel, Rapunzel, lass dein Haar herunter!«, ließ sie die Haare hinab. Der Königssohn kletterte hinauf, fand oben aber zu seiner Überraschung nicht seine liebste Rapunzel, sondern die Zauberin vor, die ihn mit giftigen Blicken ansah und höhnte: »Ach, der feine Herr! Will seine Liebste holen! Doch der schöne Vogel sitzt nicht mehr im Nest und singt auch nicht mehr, den hat die Katze geholt! Für Euch ist Rapunzel verloren, Ihr werdet sie nie wiedersehen!«

Wütend und verzweifelt sprang der Prinz vom Turm, ein Dornenbusch stoppte seinen Fall. Zerkratzt, weinend und blind vor Wut irrte der Prinz ziellos im Wald herum, aß nichts als Beeren und Wurzeln und beklagte den Verlust seiner Frau. Jahrelang wanderte der Prinz so in tiefer Trauer umher, bis er eines Tages zufällig an jenem Heim vorbeikam, in dem Rapunzel seit Jahren in kümmerlichen Verhältnissen lebte, zusammen mit den Zwillingen, die sie dem Prinzen geboren hatte, einem Mädchen und einem Jungen.

Doch sie sang immer noch, jetzt für ihre Kinder, und der vorbeiziehende Prinz hörte den Gesang und erkannte ihre Stimme. Als er das Heim betrat, fiel Rapunzel ihm um den Hals, weinend vor Glück. Sie umarmten sich, und der Königssohn wischte sich die alten, salzigen Tränen aus den Augen und erblickte seine schöne Frau und seine Kinder. Gemeinsam reisten sie noch am gleichen Tag zurück auf sein Schloss, wo sie mit Freude empfangen wurden. Und sie lebten noch lange glücklich und vergnügt – ohne je wieder etwas von der bösen Zauberin gehört zu haben.

Rapunzelsalat deluxe

Es ist nicht eindeutig belegt, ob im gleichnamigen Märchen wirklich der Rapunzelsalat, auch Feldsalat und Nüsslisalat genannt, gemeint ist. Es könnte sich auch um die Teufelskrallen aus der Familie der Glockenblumen handeln, die wegen ihrer rübenförmigen Wurzeln Rapunzeln genannt wurden (lat. rapunculus = Rübchen). Ihnen wurde eine aphrodisierende Wirkung nachgesagt. Der folgende Rapunzelsalat enthält zwar nur Feldsalat, funktioniert aber genau wie im Märchen: Man verspürt sofort Lust auf mehr!

Für 4 Personen
35 Minuten

600 g große festkochende Kartoffeln
120 g violetter und grüner Feldsalat (wahlweise nur grüner Feldsalat)
75 g gesalzene, geröstete Walnüsse (Snackregal)
2 EL brauner Zucker
6 ½ EL Sonnenblumenöl
Salz
2–3 EL Obstessig
1 EL Honig
2 EL Birnensaft
2–3 TL Birnensenf (wahlweise Feigensenf oder mittelscharfer Senf)
4 EL Olivenöl
1 EL Walnussöl
1 Zweig Estragon
1 Birne (z. B. Forelle)
80 g Blauschimmelkäse

Die Kartoffeln schälen und erst in Scheiben, dann in feine Würfel schneiden. Bereits geschnittene Kartoffeln in kaltes Wasser geben. Den Feldsalat putzen, waschen und trocken schleudern. Die Walnüsse mit braunem Zucker und 1 TL Öl in einer beschichteten Pfanne erwärmen und schwenken, bis der Zucker geschmolzen ist. Leicht salzen und auf einem Stück Backpapier abkühlen lassen.

Die Kartoffelwürfel mit einem Geschirrtuch trocken rubbeln. 6 EL Öl in einer Pfanne erhitzen und die Kartoffelwürfel darin bei geringer Hitze unter ausdauerndem Schwenken in 20–25 Min. goldbraun braten.

Währenddessen aus Essig, Honig, Birnensaft, Birnensenf, Oliven- und Walnussöl eine Vinaigrette rühren. Mit Salz würzen. Den Estragon fein schneiden und unterrühren. Die Birne schälen, fein würfeln und ebenfalls in die Vinaigrette rühren. Den Feldsalat damit marinieren und auf Tellern anrichten. Walnüsse und grob zerteilten Blauschimmelkäse auf den Salat streuen. Die knusprigen Kartoffelwürfel salzen und ebenfalls auf dem Salat verteilen. Sofort servieren.

SIEGLINDE
BAMBERGER HÖRNCHEN
VITELOTTE

ANNABELLE
LAURA
SÜSSKARTOFFELN
DRILLING
LINDA

Feine Nudeln mit Estragon-Butterforelle und Orangenrahm

Rapunzel hatte lange, prächtige Haare, fein wie gesponnen Gold, so steht es im Märchen, Haare galten einst als Kraftquell und Sitz der Seele. Die feinen, goldenen Capellini-Nudeln in diesem Rezept dürften seelenwärmende Funktion haben.

Für 6 Personen
35 Minuten

100 g Schalotten
70 g Butter
1 TL Zucker
2 EL trockener Sherry
250 ml Winzersekt plus etwas zum Abschmecken
400 ml Fischfond aus dem Glas
500 ml Sahne
Salz
Cayennepfeffer
Saft von ½ Zitrone
2 Saftorangen
6 Zweige Estragon (wahlweise 1–2 Msp. getrockneter Estragon)
12 Forellenfilets à ca. 60 g (entgrätet)
2 EL Öl
Pfeffer
250 g Capellini-Nudeln*
50 g roter Forellenkaviar

Die Schalotten in Streifen schneiden und in 50 g Butter glasig dünsten. Mit Zucker bestreuen und mit Sherry auffüllen. Den Sekt zugießen und offen 5 Min. einkochen. Fischfond zugeben und ebenfalls offen 10 Min. einkochen. Anschließend die Sahne zugeben und offen 10 Min. einkochen. Dann die Sauce pürieren und durch ein Sieb passieren. Mit Salz und einem Hauch Cayennepfeffer würzen. Mit einem Schuss frischem Sekt und einem Spritzer Zitronensaft abschmecken.

Die Orangen so schälen, dass dabei auch die weiße Haut komplett entfernt wird. Filets zwischen den Trennhäuten herausschneiden und beiseitelegen. Die Estragonblättchen von den Zweigen zupfen. Forellenfilets in einer großen Pfanne im heißen Öl von jeder Seite 1–2 Min. braun anbraten. 20 g Butter und die Estragonblättchen zugeben und durchschwenken. Mit Salz und Pfeffer würzen.

Die Capellini nach Packungsanweisung in Salzwasser kochen. Abgießen, abtropfen lassen und heiß mit der Hälfte der Sauce vermischen. Mit Salz würzen. Mit Gabel und Löffel Nudelnocken drehen, diese mit den Forellenfilets und den Orangenfilets auf vorgewärmten Tellern anrichten. Die übrige Sauce mit dem Stabmixer schaumig pürieren und über das Gericht geben. Mit Kaviar toppen und sofort servieren.

***CAPELLINI**

Die italienische Pasta-Sorte (deutsch übersetzt: Härchen) erinnert an hauchdünne Spaghetti und gehört mit einem Durchmesser von 0,88 mm zu den feinsten italienischen Nudeln. Genießer schätzen das unvergleichliche Mundgefühl der zarten Nudeln. Dieses Rezept lässt sich aber auch mit dünnen Spaghettini oder Tagliatelle zubereiten.

Gebratener Saibling mit Schmorgurken auf Samt-Sellerie

Erde trifft See: Samtige Selleriecreme bildet das Bett für den knusprig auf der Haut gebratenen Saibling. Die Gurken dazu garen für dieses Gericht im eigenen Saft, das macht sie besonders aromatisch.

Für 4 Personen
45 Minuten

Für das Selleriepüree:
700 g Sellerieknolle
2 EL Zitronensaft
40 g Butter
100 ml Sahne
Salz

Für die Schmorgurken:
500 g Bio-Salatgurke
2 Schalotten
40 g Butter
½ Bund Pimpinelle
4 Blätter Liebstöckel
½ Bund Dill
1 TL scharfer Senf
Salz
1 Prise Zucker

Für die Saiblingsfilets:
4 Saiblingfilets* à ca. 150 g (auf der Haut, küchenfertig, entgrätet)
3 EL Mehl (Type 405)
5 EL Sonnenblumenöl
Salz

Den Sellerie schälen, die Knolle in dicke Würfel schneiden und in Salzwasser mit dem Zitronensaft in 30 Min. sehr weich kochen. Inzwischen die Gurke in vier Stücke teilen, diese wiederum längs vierteln, und die dicken Stifte in Blattform schnitzen. (Wahlweise mit dem Melonenstecher Kugeln aus der Gurke ausstechen.) Die Gurkenreste sehr fein pürieren und durch ein Sieb passieren. Beiseitestellen.

Den Sellerie abgießen und im Mixer mit Butter und Sahne zu einem cremigen Püree mixen. Mit Salz würzen, in einen kleinen Topf füllen und warm stellen.

Die Schalotten fein würfeln und mit den Gurken in der Butter glasig dünsten. Mit Gurkensaft auffüllen und in wenigen Min. dicklich einkochen. Die Kräuter hacken (einige Zweige eventuell als Deko beiseitelegen) und mit dem Senf unterrühren. Mit Salz und Zucker abschmecken.

Die Haut der Saiblingsfilets mehrfach einschneiden, die Filets mit der Hautseite in Mehl legen, andrücken, leicht abklopfen. Öl in einer großen beschichteten Pfanne erhitzen, die Filets mit der Hautseite nach unten in die Pfanne legen und in 3–4 Min. goldbraun braten. Salzen, wenden und auf der Fleischseite nochmals 1–2 Min. braten.

Selleriepüree erhitzen, Gurken aufkochen, und alles mit dem Fisch auf vorgewärmten Tellern anrichten. Nach Belieben mit den beiseitegelegten Kräutern dekorieren.

VARIANTEN: Die Gurken schmecken auch sehr gut mit anderen Kräutern wie Schnittlauch, Fenchelkraut, Borretsch oder Sauerampfer. Statt Saibling können Sie auch andere Fischfilets braten, z. B. Forellenfilets, Egli oder Felchen.

***SAIBLING**

Der Saibling gehört der Familie der Lachsfische an, sein Fleisch ist rötlich-orange. Er stellt hohe Ansprüche an Nahrung und Wasserqualität. Das Fleisch ist fein, aber fest, der Geschmack erinnert an Forelle und Lachs. Erhältlich ist er beim gut sortierten Fischhändler oder Forellenzüchter.

»RAPUNZEL LIESS DIE GEFLOCHTENEN ZÖPFE AN DER TURMMAUER HINABGLEITEN«

Muscheln in Wein mit Estragon-Hollandaise

Verheißungsvoll öffnet sich die Muschel langsam im dampfend heißen Sud, versinkt alsbald in buttrig-cremiger Hollandaise, die im Mund zergeht – ist eigentlich noch Wein da?

Für 4 Personen
25 Minuten

Für die Muscheln:
2 ½ kg Miesmuscheln (s. Tipp)
20 g Ingwer
1 Knoblauchzehe
2 Frühlingszwiebeln
40 g Butter
100 ml Weißwein
Salz

Für die Hollandaise:
200 g Butter
2 Eigelb (M)
2 EL Weißwein
2 EL Gemüsebrühe
Salz
Pfeffer
1 Spritzer Estragonessig
4 Zweige Estragon

Die Muscheln in kaltem Wasser waschen, die Bärte abziehen, bereits geöffnete Muscheln aussortieren (s. Tipp). Ingwer und Knoblauch schälen und fein reiben. Frühlingszwiebeln fein schneiden. Die Butter in einem großen Topf schmelzen, Knoblauch, Ingwer und Frühlingszwiebeln zugeben, mit Wein ablöschen. Aufkochen, salzen und die Muscheln zugeben. Zugedeckt 10 Min. kochen.

Für die Hollandaise die Butter in einem Topf schmelzen und einmal aufkochen. Die Butter heiß durch ein sehr feines Sieb gießen (klären). Wasser in einem Topf zum Sieden bringen. In einem Schlagkessel oder einer Metallschüssel die Eigelbe mit Weißwein und Brühe verrühren und auf den Topf setzen. Mit einem Schneebesen oder den Quirlen des Handrührgeräts über dem Wasserbad zu einer hellen, cremigen Masse aufschlagen. Das Wasser im Topf sollte dabei immer nur sieden.

Die geklärte Butter unter ständigem Schlagen mit dem Schneebesen erst tropfenweise, dann in dünnem Strahl unter die Creme schlagen. Die fertige Hollandaise mit Salz und Pfeffer und einem Spritzer Estragonessig würzen. Estragon fein schneiden und unterrühren. Die Muscheln mit der Hollandaise servieren.

Dazu passen Bratkartoffeln (s. S. 176) mit Petersilie oder ein ofenfrisches Baguette.

VARIANTEN: Die Hollandaise lässt sich vielfach variieren, statt mit Estragon kann die Hollandaise auch mit Bärlauch, Kerbel, Pimpinelle, Borretsch oder Dill aromatisiert werden. Für eine klassische Sauce béarnaise rühren Sie einfach frisch geschnittenen Estragon und Kerbel in die Grund-Hollandaise. Wer die Hollandaise schlanker mag, kann 1–2 EL Magerjoghurt oder Quark unterrühren.

TIPP: Unlängst wurde die kulinarische Legende widerlegt, dass nach dem Kochvorgang noch geschlossene Muscheln ungenießbar seien. Das hat ein australischer Meeresbiologe im empirischen Selbstversuch, mit dreißig Tellern der potenziell gesundheitsgefährdenden Muscheln, herausgefunden. Bereits vor dem Kochen geöffnete Muscheln, die sich auch auf zarten Druck hin nicht schließen wollen, müssen aber weiterhin vorab aussortiert werden. Unsinn ist der Hinweis, Muscheln schmeckten nur in Monaten, die auf »r« enden, ein Relikt aus Zeiten, in denen es noch keine ungebrochenen Kühlketten gab. In Deutschland beginnt die Saison mit heimischen Muscheln aus Nord- und Ostsee dennoch erst im Herbst, und darauf kann man sich freuen!

Grüner Spargel mit getrüffeltem Rührei

Gleich drei Produkte, denen libidosteigernde Wirkungen nachgesagt werden, kommen hier zusammen: das Ei, der Spargel, der Trüffel. Mit Liebe serviert, könnte das sogar funktionieren.

Für 2 Personen
20 Minuten

300 g grüner Spargel
4–6 Eier (M)
einige Stängel Schnittlauch
1–2 EL Sahne
Salz
20 g Butter
1 kleiner Trüffel

Vom Spargel die Enden abschneiden und nur das untere Drittel der Spargelstangen schälen. Die Eier in eine Schüssel schlagen, Schnittlauch in Röllchen schneiden, dann beides mit Sahne und einer Prise Salz so verrühren, dass weiße und gelbe Schlieren noch gut trennbar zu erkennen sind.

Butter in einer Pfanne schmelzen, Rühreimasse hineingeben und bei geringer Hitze stocken lassen, dabei das Ei immer wieder zusammenschieben, nicht rühren. Das Ei bleibt so saftiger und legt sich in elegante Falten – das sieht nicht nur hübsch aus, es schmeckt auch besser als bröselig gebratene Rühreier.

Währenddessen den Spargel in kochendem Salzwasser 3–5 Min. garen, er darf gerne Biss haben. Aus dem Wasser nehmen und salzen. Den Trüffel in feine Scheiben schneiden oder hobeln. Das Ei mit Spargel und Trüffel anrichten und sofort servieren.

Gebratene Wachteln auf Erbspüree mit frittierter Petersilie

Wachteln haben ein unvergleichlich zartes Fleisch, dazu passen cremiges Erbsenpüree und kross gebackene Petersilie aufs Feinste. Goldbraun gebraten ist die Wachtel ein delikates Festessen.

Für 4–6 Personen
35 Minuten

Für die Wachteln und die frittierte Petersilie:

1–2 Wachteln pro Person
6 EL Olivenöl
Salz
Pfeffer
½ Bund krause Petersilie
Öl zum Frittieren

Für das Erbspüree:

500 g Erbsen in der Schote (wahlweise 200 g aufgetaute TK-Erbsen)
250 g weich gekochte mehligkochende Kartoffeln in Schale
1 Zwiebel
40 g Butter
150 ml Gemüsebrühe
50 ml Sahne
Salz

Die Wachteln dünn mit Olivenöl einreiben, mit Salz und Pfeffer würzen. Den Backofen auf 200 °C vorheizen. Übriges Olivenöl in einer beschichteten Pfanne erhitzen, und die Wachteln in ca. 5 Min. rundherum goldbraun anbraten. Die Wachteln auf ein mit Backpapier ausgelegtes Blech setzen und im Ofen 10 Min. garen. Im ausgeschalteten Ofen mit angelehnter Klappe warm halten.

Für das Erbspüree die Erbsen palen, und die gekochten Kartoffeln pellen. Die Zwiebel schälen und fein würfeln, in einem Topf in der Butter glasig dünsten. Die Erbsen zugeben und mit Brühe und Sahne auffüllen. 3 Min. offen kochen. Die Kartoffeln zugeben und mit einem stabilen Schneebesen zu einem feincremigen Püree zerdrücken und verrühren. Mit Salz würzen.

Die Petersilie waschen und sehr gründlich trocken schleudern. Das Öl in einem hohen Topf erhitzen, und die Petersilie darin portionsweise frittieren. Das geht schnell. Ist die Petersilie dunkelgrün, mit einer Schaumkelle herausnehmen und auf Küchenpapier abtropfen lassen. Beim Herausnehmen ist die Petersilie noch weich, sie wird erst beim Abkühlen knusprig. Mit Salz würzen und mit dem Püree und den Wachteln auf Tellern anrichten.

Schokomousse mit Keks und Rhabarberkompott

Herb-süßes Rhabarberkompott und Schokoladenmousse sind ein Traumpaar wie Dornröschen und der wackere Königssohn! Und die Schokoladenmousse ist eine ganz besondere: Zweierlei Schokoladen und ein starker Espresso sorgen für Geschmack und Tiefe, Keksbruch für süßen Knusper.

Für 4–6 Personen
35 Minuten plus mind. 6 Stunden Kühlzeit

Für die Schokoladenmousse:

100 g Vollmilchkuvertüre
50 g Zartbitterkuvertüre
1 Ei (M)
20 g Puderzucker
1 kleiner, starker Espresso
20 g Lieblingskekse
250 ml Sahne

Für das Rhabarberkompott:

500 g zarte, rote Rhabarberstangen
60 g Zucker
100 ml Rhabarbersaft

Außerdem:

grüne Pistazien zum Garnieren

Für die Schokomousse den Backofen auf 50 °C vorheizen, die Kuvertüre zerhacken und in einer Metallschüssel im Ofen schmelzen. Ei, Puderzucker und Espresso in eine Metallschüssel geben und über dem Wasserbad mit den Quirlen des Handrührgeräts zu einer dicklich-cremigen Masse schlagen. Anschließend weitere 2 Min. rühren.

Die geschmolzene Kuvertüre unter die schaumige Eimasse heben und glatt rühren. Auf Zimmertemperatur abkühlen lassen. Die Kekse zerbröseln, und die Hälfte davon unterrühren. Die Sahne steif schlagen und unterheben. Die Mousse im Kühlschrank mind. 6 Stdn. durchkühlen lassen.

Den Rhabarber für das Kompott in 2 cm lange Stücke schneiden. Zucker und Saft in einem Topf aufkochen. Rhabarber zugeben und in 1–2 Min. unter Rühren weich kochen, die Rhabarberstücke sollen aber nicht zerfallen. Rhabarber mit einer Schaumkelle aus dem Sud heben und in eine Schüssel geben. Den Kochsud offen sirupartig einkochen und danach wieder mit dem Rhabarber mischen.

Das Kompott warm oder kalt zur Schokomousse servieren, die Sie wahlweise mit einem Löffel (zwischendurch in heißes Wasser tauchen) zu Nocken ausstechen oder durch einen Spritzbeutel mit großer Sterntülle aufspritzen können. Das Dessert mit dem restlichen Keksbruch und grünen Pistazien bestreut servieren.

ROTKÄPPCHEN

Für unterwegs

Es war einmal ein wirklich zauberhaftes junges Mädchen, in das sich wirklich alle Leute verliebten, die es nur ansah. Am allermeisten wurde das Mädchen aber von seiner Großmutter geliebt, die ihr Enkelkind mit Geschenken überschüttete. Einmal schenkte sie dem Mädchen ein Käppchen aus rotem Samt, das stand dem Mädchen so gut, dass es nichts anderes mehr tragen wollte, und bald von allen nur noch Rotkäppchen genannt wurde.

Eines Tages sprach die Mutter zu ihm: »Rotkäppchen, hier hast du ein Stück Kuchen und eine Flasche Wein, bring das zur Großmutter, sie ist krank und schwach und sollte damit wieder zu Kräften kommen. Geh vor der Mittagshitze los und bleib auf dem Weg, nicht dass du mir noch fällst und die Flasche zerbricht und die Großmutter nichts bekommt!«

»Ich will schon alles gut machen!«, sagte das Rotkäppchen, rollte zwar mit den Augen, versprach es der Mutter aber in die Hand.

Die Großmutter wohnte draußen im Wald, eine halbe Stunde vom Dorf entfernt, und als Rotkäppchen den Wald erreicht hatte, traf es darin den Wolf. Rotkäppchen wusste nicht, was für ein gefährliches Tier der Wolf war, und hatte keine Angst.

»Guten Tag, Rotkäppchen!«, grüßte der Wolf.

»Schönen Dank, Wolf, ebenso!«

»Wohin so früh?«

»Zur Großmutter!«

»Was trägst du da im Körbchen?«

»Kuchen, Lauchmuffins, Beerenlimonade und Wein! Gestern haben wir gebacken, jetzt bring ich der Großmutter etwas vorbei, sie soll sich stärken. Außerdem habe ich Schinkenstullen gemacht, und hier in der Thermoskanne ist Hühnersuppe drin, zweimal gekocht und mit viel frischem Gemüse!«

»Rotkäppchen, wo wohnt denn deine Großmutter?«, hakte der Wolf nach, der Appetit bekommen hatte.

»Noch eine Viertelstunde weiter in den Wald hinein, unter den drei großen Eichenbäumen, da steht ihr Haus, unten bei den Nusshecken – die kennst du, oder?«

Dieses junge Ding, das ist ein Leckerbissen, die wird noch besser schmecken als die Alte, dachte der Wolf, ich muss es raffiniert angehen, um mir beide zu schnappen. Eine Weile schon ging der Wolf neben dem Rotkäppchen her, dann sprach er scheinheilig: »Rotkäppchen, sieh mal die schönen Blumen, die hier überall stehen, warum guckst du dich nicht um? Ich glaube, du achtest gar nicht darauf, wie lieblich die Vögel singen! Du läufst ja hier durch, als gingest du zur Schule, dabei haben wir es lustig hier draußen im Wald!«

Jetzt sah sich Rotkäppchen erstmals um, sah, wie die Sonnenstrahlen zwischen den Bäumen tanzten und dass überall die schönsten Blumen standen. Rotkäppchen hatte eine Idee: Wenn es der Großmutter einen Strauß frisch gepflückter Blumen mitbrächte, würde es ihr bestimmt eine Freude bereiten. »Zeit ist noch«, dachte Rotkäppchen, »es ist früh am Tag, ich komme bestimmt noch rechtzeitig.« Es bog vom Weg ab, hinein in den Wald – und suchte Blumen. Immer wenn Rotkäppchen eine Blume gepflückt hatte, entdeckte es in der Ferne eine noch schönere und geriet so immer tiefer in den Wald.

Der Wolf ging währenddessen auf kürzestem Weg zum Haus der Großmutter und klopfte an die Tür.

»Wer ist draußen?«, rief von drinnen die Großmutter.

»Rotkäppchen, liebe Omi, ich bringe dir Kuchen und Schinkenstullen und Wein!«, antwortete der Wolf mit verstellter Stimme.

»Ist offen! Komm nur rein, ich bin zu schwach und kann nicht aufstehen!«

Der Wolf drückte die Türklinke nieder, trat ein, ging ohne ein weiteres Wort zum Bett der Großmutter und verschlang sie. Dann zog er eines der Kleider aus dem Schrank der alten Dame an, setzte sich ihre Schlafhaube auf, zog die Vorhänge zu und legte sich ins dämmrige Zimmer.

Rotkäppchen hatte inzwischen beinahe mehr Blumen gepflückt, als es tragen konnte, erinnerte sich seines Vorhabens und machte sich eilig auf den Weg zur Großmutter. Es wunderte sich ein wenig, dass die Haustür offen stand, und auch im Haus war es seltsam dunkel. »Guten Tag«, rief es laut in die Stille, bekam aber keine Antwort. Im Schlafzimmer zog es die Vorhänge auf und trat ans Bett. Die Großmutter sah komisch aus, die Schlafhaube tief ins Gesicht gezogen und überhaupt – ganz anders als sonst.

»Großmutter, was hast du denn für große Ohren?«, wunderte sich das Mädchen.

»Dass ich dich besser hören kann!«

»Ei, Großmutter, was hast du denn für große Augen!«

»Damit ich dich besser sehen kann!«

»Und die Hände, warum hast du denn so große Hände?«

»Damit ich dich besser packen kann«, bellte jetzt der Wolf.

»Und was für ein Riesenmaul, Oma, warum hast du denn ein so großes Maul?«

»Damit ich dich besser fressen kann!«, knurrte der Wolf, sprang aus dem Bett und verschlang das arme Rotkäppchen.

Gesättigt und träge legte sich der Wolf für ein Verdauungs-Nickerchen zurück ins Bett, schlief sofort ein und schnarchte laut, mit weit geöffnetem Mund. Der Jägermeister, der in diesem Moment zufällig am Haus vorbeilief, hörte das. »Die alte Dame schnarcht aber heute sehr laut. Hoffentlich fehlt ihr nichts, ich sehe lieber mal nach«, sagte er zu sich, trat in die Stube und sah im Bett den Wolf liegen. »Find ich dich hier, du Sünder«, flüsterte der Jäger ins Selbstgespräch vertieft. »Ich hab dich lang gesucht!«

Eben wollte er den Wolf erschießen, da fiel ihm ein, dass der vielleicht die Großmutter verschlungen haben könnte und die alte Dame eventuell noch zu retten wäre. Also nahm er eine Schere aus der Küchenschublade und begann, dem schlafenden Wolf den Bauch aufzuschneiden, ganz vorsichtig. Kaum dass er ein paar Schnitte gemacht hatte, sah er rot ein Käppchen leuchten, schnipp und schnipp und schnippschnippschnipp, da sprang das Rotkäppchen heraus und berichtete, sichtlich erschrocken, es sei sehr dunkel gewesen im Leib des Wolfes, während jetzt auch die Großmutter, schwer atmend, aber am Leben, dem Wolfsbauch entstieg. Rotkäppchen holte ein paar große Steine, die sie dem Wolf in den Bauch legten. Als der Wolf erwachte und aufsprang, waren die Steine in seinem Magen so schwer, dass er gleich wieder hinfiel und kurz darauf verstarb. Der Jäger zog dem toten Wolf das Fell ab, um seiner Frau daraus einen hübschen Vorleger für die gute Stube im Jägerhaus zu machen. Die Großmutter erholte sich rasch, strich sich das Haar aus dem Gesicht, deckte den großen Tisch in der Stube und bat den Jägermeister, noch zu bleiben. Rotkäppchen servierte die Köstlichkeiten aus ihrem Korb, gemeinsam aßen sie Stullen und Handbrote, zum Schluss gab es für jeden ein saftiges Stück Kuchen, dazu ordentlich süße Schlagsahne. Herr Jägermeister und die Großmutter stießen mit Wein an und sahen sich tief in die Augen. Rotkäppchen schlürfte die dritte Beerenlimonade und schwor sich, nie mehr vom Weg ab in den Wald zu laufen, wenn es die Mutter verboten hatte.

Nur wenig später, erzählte man sich, wurde das Rotkäppchen auf dem Weg zur Großmutter abermals angesprochen, diesmal von einem anderen Wolf, der es vom Weg abbringen wollte. Rotkäppchen aber hütete sich und ging schnurstracks seines Weges. Später erzählte es der Großmutter von diesem Wolf, der so böse geschaut habe: »Wenn's nicht auf offener Straße gewesen wäre, hätte der mich gefressen!«

Die Großmutter schloss sicherheitshalber die Tür, und schon bald klopfte der Wolf und sprach mit verstellter Stimme: »Mach auf, Großmutter, ich bin das Rotkäppchen und bringe dir gebackene Krapfen mit Schokosauce!« Doch Rotkäppchen und seine Großmutter schwiegen und öffneten nicht.

Der Wolf schlich etliche Male ums Haus und sprang dann aufs Dach, um darauf zu warten, dass Rotkäppchen nach Hause ginge – dann wollte er dem Mädchen nachgehen und es in der Dunkelheit verschlingen. Doch die Großmutter durchschaute den Plan des Wolfes: »Pssst, Rotkäppchen, auf dem Herd steht noch Würstchenwasser, darin hab ich mir gestern Würstchen gebrüht, gieß das doch bitte still und leise in den Steintrog vor dem Haus.«

Rotkäppchen füllte den Trog mit Würstchenwasser, und sogleich stieg dem Wolf der Geruch von Würsten in die Nase. Er schnupperte, guckte hinab und machte einen langen Hals, bis er sich nicht mehr halten konnte. Er rutschte vom Dach, fiel in den Trog mit Würstchenwasser und ertrank. Rotkäppchen machte sich auf den Heimweg und wurde fortan nicht mehr belästigt.

Grüner Gemüsesalat

Der grüne Gemüsesalat mit süßem Apfel und würziger Vinaigrette bleibt als Proviant auch auf längeren Ausflügen knackig, schmeckt aber natürlich nicht nur unterwegs, sondern auch zu Hause oder im Büro.

Für 4 Personen
25 Minuten

200 g grüne und gelbe Bohnen
Salz
100 g Bio-Minigurken (wahlweise Bio-Salatgurke)
100 g Zuckerschoten
200 g Zucchini
1 kleines Bund Bachkresse
4 EL Weißweinessig
2 EL Apfelsaft
1 TL scharfer Senf
4 EL Rapsöl
2 EL Walnussöl (wahlweise Nuss- oder Olivenöl)
2 Zweige Borretsch
4–6 Zweige Pimpinelle
1 kleiner grüner Apfel

Die Bohnen putzen und in Salzwasser in 8 Min. kochen. Die Minigurke in Scheiben schneiden und salzen. Beiseitestellen. Die Zuckerschoten längs in Streifen schneiden und für die letzten 2 Min. mit den Bohnen mitkochen. Die Zucchini längs halbieren und in Scheiben schneiden. Bohnen und Zuckerschoten abgießen und in kaltem Wasser abkühlen. Bachkresse fein zupfen, dabei grobe Zweige entfernen.

Aus Essig, Apfelsaft, Senf, Raps- und Walnussöl eine Vinaigrette anrühren. Mit Salz würzen. Borretsch und Pimpinelle hacken und unterrühren. Bohnen, Zuckerschoten und Zucchini mit der Vinaigrette vermengen.

Apfel ungeschält achteln, entkernen und in feine Scheibchen schneiden. Unter den Salat mengen. Die Gurken abtropfen lassen und untermengen. Den Salat ggf. nachsalzen. Mit Bachkresse bestreut servieren.

VARIANTEN: Schmeckt auch mit ein paar Streifen Bergkäse vermengt ganz toll! Statt des Apfels können Sie auch eine grüne Birne verwenden. Die Kräuter können Sie nach Geschmack variieren, gut passen auch Dill, Estragon und Kerbel – Petersilie und Schnittlauch gehen immer.

Rote-Beeren-Limonade

Leider ist nicht überliefert, welchen Wein Rotkäppchen zu seiner Großmutter trug, Rotkäppchen selbst hätte ohnehin diese Rote-Beeren-Limonade besser geschmeckt: fruchtig-süß, fein-säuerlich-zitronig und Natur pur – für Geschmack und Farbe sorgen alleine die verwendeten Beeren. Mit eiskaltem Mineralwasser aufgegossen, ist die beerenstarke Limonade eine kühle Erfrischung nach sommerlichen Waldläufen.

Für ca. 1 Liter Limonadensirup
35 Minuten

500 g Bio-Zitronen
50 g Ingwer
500 g Zucker
250 g rote Johannisbeeren
250 g Erdbeeren
150 g Himbeeren

Die Zitronen halbieren und auspressen, den Saft kalt stellen. Ingwer schälen und in Scheiben schneiden. Die ausgepressten Zitronenhälften mit Ingwer, 500 ml Wasser und dem Zucker aufkochen. 5 Min. offen kochen. Ingwer und Zitronenhälften mit einer Schaumkelle entfernen.

Johannisbeeren von den Rispen streifen, Erdbeeren putzen und mit den Himbeeren in den Zitronensirup geben. 3 Min. kochen. Vom Herd ziehen, den Zitronensaft zugeben und abkühlen lassen.

Den abgekühlten Sirup durch ein feines Sieb passieren. Die Rezeptur ergibt ca. 1 l Limonadensirup, das sind bei einem Mischverhältnis von einem Teil Sirup und drei Teilen kaltem Mineralwasser mit Kohlensäure fast 4 l Limonade! Der Sirup hält, im Kühlschrank aufbewahrt, mind. 1–2 Wochen – der hohe Zuckeranteil sorgt dabei für Haltbarkeit.

Zweimal gekochte Hühnerbrühe

Die ultimative Hühnerbrühe braucht ein bisschen Zeit, ist dann aber eine echte Offenbarung: aromatisch dicht und dunkel, der volle Geschmack! Mit knackfrischen Frühlingsgemüsen, Morcheln und zartem Hähnchenfleisch serviert, bringt sie nicht nur die Großmutter wieder auf die Beine.

Für 4 Personen
1 Stunde plus
1 ½ Stunden am Vortag

Am Vortag:
1 Bund Suppengrün
1 Gemüsezwiebel
800 g Hühnerklein
4 EL Sonnenblumenöl
2 EL (ja richtig!) brauner Zucker (alter Trick chinesischer Köche!)
2 Lorbeerblätter
4 Zweige Bohnenkraut (wahlweise ½ TL getrocknetes Bohnenkraut)
1 TL Pimentkörner
2 Knoblauchzehen
5 getrocknete Tomaten
Salz

Anderntags:
1 Freilandhähnchen (ca. 1,2 kg)
12 getrocknete Morcheln
200 g junge Möhren
100 g Petersilienwurzeln
300 g weißer Spargel
200 g Erbsen in der Schote (wahlweise 120 g aufgetaute TK-Erbsen)
100 g Zuckerschoten
100 g weiße Champignons
½ Bund Petersilie
½ Bund Kerbel
Salz
Zucker
Cayennepfeffer

Für den ersten Ansatz das Suppengemüse waschen, putzen und würfeln. Die Zwiebel ungeschält vierteln. Hühnerklein in einer Pfanne im Öl anbraten. Suppengrün und Zwiebel zugeben und alles goldbraun braten. Mit Zucker bestreuen, Lorbeerblätter, Bohnenkraut, Pimentkörner, angedrückte Knoblauchzehen und getrocknete Tomaten zugeben. Weitere 2 Min. braten. Den Röstansatz in einen Topf geben und mit kaltem Wasser bedecken. Salzen. Langsam bei geringer Hitze aufkochen, dann offen 1 Std. leise köcheln lassen. Vom Herd nehmen und mehrere Stdn., am besten über Nacht, auskühlen lassen.

Anderntags die Brühe durch ein Sieb in einen zweiten Topf passieren. Aufkochen. Das Hähnchen in acht Teile schneiden (zwei am Gelenk halbierte Keulen, die Brust am Knochen längs halbiert, die Flügel abgetrennt). Hühnerteile mit den getrockneten Morcheln in die Brühe geben und 25 Min. offen kochen.

Inzwischen die Möhren und Petersilienwurzeln schälen und in feine Scheiben schneiden. Den Spargel schälen, die Enden abschneiden, die Stangen vierteln. Erbsen aus den Schoten palen, Zuckerschoten schräg in Rauten und die Champignons in feine Blättchen schneiden.

Die Brühe erneut durch ein Sieb in einen Topf passieren. Die Morcheln heraussuchen und zurück in die Brühe geben. Das Hähnchenfleisch etwas auskühlen lassen, häuten und mundgerecht zerpflücken oder schneiden. Möhren, Wurzeln, Spargel und Zuckerschoten 7 Min. in der Brühe garen. Erbsen und Champignons zugeben und noch 2 Min. garen. Petersilie und Kerbel hacken und mit dem Hähnchenfleisch zur Suppe geben. Die Suppe mit Salz, Zucker und etwas Cayennepfeffer abschmecken und servieren.

STEINPILZE
AUSTERNPILZE
KRÄUTERSEITLINGE

TOTENTROMPETEN
PFIFFERLINGE
MARONENPILZE
SEMMEL-STOPPELPILZE

Knusprige Handbrottaler

Süße Kirschtomaten und Frischkäse mit Frühlingszwiebeln bilden den Belag für die knusprigen Handbrottaler im praktischen Mini-Format, die aus gereiftem Hefeteig gebacken werden. Es lohnt, den Teig schon 1 bis 3 Tage früher anzusetzen und im Kühlschrank aufzubewahren – Geschmack und Konsistenz der Mini-Pizzen sind dann unvergleichlich. Sie schmecken warm und kalt – und ganz besonders ofenfrisch zu einem Glas Rotwein!

Für 4–6 Personen
45 Minuten
plus 1–3 Tage Ruhezeit

Für den Teig:
500 g Mehl (Type 405) plus etwas zum Verarbeiten
325 g kaltes Wasser
20 g Salz
5 g frische Hefe

Für die Handbrottaler:
250 g rote und gelbe Kirschtomaten
Salz
Zucker zum Bestreuen
175 g Frischkäse
½–1 Knoblauchzehe
100 g Bergkäse
2 Frühlingszwiebeln
Olivenöl zum Beträufeln
3 Zweige Basilikum

Für den Teig 300 g Mehl mit Wasser, Salz (der Teig soll deutlich nach Salz schmecken) und fein gebröselter Hefe zu einem zähflüssigen Teig verrühren. Diesen Vorteig 20 Min. zugedeckt ruhen lassen. Den Teig dann mit den Knethaken des Handrührgeräts oder dem Knethaken der Küchenmaschine 3 Min. rühren. Dann nach und nach die restlichen 200 g Mehl unterkneten. Weitere 2 Min. kneten. Den weichen Teig zugedeckt 20 Min. ruhen lassen.

Den Teig auf ein bemehltes Brett fließen lassen, mit Mehl bestäuben und mit bemehlten Händen zu einem Ball verkneten. Den Ball in zwei Portionen teilen, in zwei verschließbare Frischebehälter aus Plastik geben, verschließen und im Kühlschrank 24 Stdn. oder sogar bis zu 3 Tage reifen lassen.

Den gereiften Teig in 12 Portionen abwiegen, rund formen und auf einem mit Backpapier ausgelegten Blech 30 Min. gehen lassen. Kirschtomaten in je 3–4 Scheiben schneiden und auf einem Blech ausgebreitet, mit Salz und etwas Zucker bestreut, ziehen lassen. Den Frischkäse leicht salzen, Knoblauch schälen, pressen und unterrühren. Den Käse raspeln, die Frühlingszwiebeln schräg in feine Scheiben schneiden.

Die Teigbällchen mit bemehlten Händen zu Mini-Pizzen formen und auf ein mit Backpapier ausgelegtes Blech legen. Mit Frischkäse bestreichen, mit Tomaten belegen und mit Frühlingszwiebeln und Käse bestreuen. Mit Olivenöl beträufeln und nochmals 10 Min. gehen lassen. Den Backofen so heiß wie möglich, bspw. auf 250 °C, vorheizen.

Die Taler im heißen Ofen auf der untersten Schiene 10–12 Min. backen. Basilikumblättchen von den Zweigen zupfen, und die Handbrottaler mit Basilikum bestreuen.

VARIANTEN: Handbrottaler sind geduldig und können mit allem belegt werden, was schmeckt. Sie können den Käse variieren, mit Tomatensauce arbeiten und auch Gemüse- oder Aufschnittreste verwerten.

Lauch-Zwiebel-Muffins mit Schnittlauch-Meerrettich-Quark

Zwiebelkuchen einmal anders: Diese luftigen, ofenwarmen Muffins erinnern sehr an den Klassiker der Herbstküche und haben das Zeug, selbst einer zu werden. Die feine Meerrettichschärfe des Schnittlauchquarks passt perfekt dazu.

Für 18 Stück
55 Minuten

Für die Muffins:
200 g junger Lauch
2 Zwiebeln
½ Bund Majoran (wahlweise ½ TL getrockneter Majoran)
20 g Butter
1 TL Kümmelsaat
Salz
Pfeffer
Öl für die Form
4 Eier (M)
100 g Bergkäse
100 ml Vollmilch
1 Prise Muskatnuss, gemahlen
150 g Mehl (Type 405)
1 TL Backpulver

Für den Quark:
400 g Sahnequark
½–1 EL geriebener Meerrettich (frisch oder aus dem Glas)
1 TL Weißweinessig
1–2 EL Leinöl (wahlweise Rapsöl)
Salz
1 Bund Schnittlauch

Für die Muffins den Lauch fein schneiden und gründlich waschen, die Zwiebeln schälen und fein würfeln. Majoran fein schneiden. Butter in einer Pfanne schmelzen, Lauch und Zwiebeln darin mit Kümmel und Majoran glasig dünsten. Mit Salz und Pfeffer würzen und in einer großen Schüssel rasch abkühlen lassen. Die Mulden der Muffinbleche (18 Mulden insgesamt) dünn mit Öl ausstreichen.

2 Eier trennen, die Eiweiße mit einer Prise Salz steif schlagen und kalt stellen. Die übrigen zwei Eier und die Eigelbe mit in die Schüssel zur abgekühlten Zwiebel-Lauch-Masse geben. Den Käse raspeln und mit der Milch zugeben, alles zu einer glatten Masse verrühren. Mit Salz, Pfeffer und Muskat würzen. Mehl sieben und mit dem Backpulver unterquirlen, dann das Eiweiß vorsichtig unterrühren.

Den Backofen auf 200 °C vorheizen. Die Masse auf die 18 Mulden verteilen. Auf der zweiten Schiene von unten 30 Min. backen.

Den Quark mit Meerrettich verrühren, Essig und Leinöl zugeben, mit Salz würzen. Schnittlauch in Röllchen schneiden und unterrühren. Den Quark zu den Muffins servieren.

TIPP: Dazu passen ein bunter Blattsalat oder Feldsalat mit der Vinaigrette von S. 61.

VARIANTEN: Der Quark lässt sich auch mit Kresse und anderen Kräutern wie Dill, Kerbel, Petersilie oder Basilikum, gerne auch gemischt, anrühren. Er schmeckt auch auf Brot oder zu warmen Pellkartoffeln.

»ROTKÄPPCHEN BOG VOM WEG AB, HINEIN IN DEN WALD«

Rotkäppchens Rotweinküchlein

Kuchen und Wein in süßer Verbindung: Die Rotweinküchlein sind nicht nur für geschwächte Großmütter ein hübscher Hochgenuss!

Für 12 Stück
50 Minuten

Für die Küchlein:
125 g zimmerwarme Butter
100 g Zucker
½ Pck. Vanillezucker
1 Msp. Zimt
1 Prise Salz
2 Eier (M)
125 g Mehl
1 TL Kakao
½ Pck. Backpulver
50 ml Rotwein
Butter für die Form

Für den Guss:
75 g Puderzucker
1–2 EL Rotwein
rote Speisefarbe

Butter, Zucker, Vanillezucker, Zimt und Salz mit den Quirlen des Handrührgeräts 5 Min. cremig rühren. Die Eier nacheinander unterrühren, und die Masse jeweils wieder cremig rühren. Mehl, Kakao und Backpulver sieben und mit dem Rotwein unterrühren. Den Backofen auf 175 °C vorheizen.

Den Teig in die Mulden einer mit Butter gefetteten Mini-Gugelhupf-Muffinform oder andere kleine Portionsförmchen füllen, dabei die Mulden nur zu zwei Dritteln füllen. Im Ofen auf der zweiten Schiene von unten 20–25 Min. backen. 10 Min. ruhen lassen, dann auf ein Gitter stürzen und abkühlen lassen.

Den Puderzucker mit Rotwein und Speisefarbe glatt rühren und haubenartig auf den abgekühlten Küchlein verteilen.

Schinkenstulle mit ofengeschmorten Tomaten und Kräuterfrischkäse

Gute Neuigkeiten: Die Stulle ist wieder da! Das Hand- und Reisebrot der Großeltern erlebt eine Renaissance und ist plötzlich wieder hip. Gut so! Gerade auch für unterwegs: Fluffiges Toastbrot mit cremigem Kräuterfrischkäse, gegrillten Tomaten und feinem Kochschinken helfen nicht nur Rotkäppchens Großmutter wieder aufs Fahrrad.

Für 4 Stück
20 Minuten

einige Stängel Schnittlauch
2 Zweige Dill
60 g Frischkäse
Salz
Cayennepfeffer
8 violette oder grüne Feldsalatröschen
4 mittelgroße Tomaten
1 Zweig Thymian
3 EL Olivenöl
Pfeffer
brauner Zucker zum Bestreuen
8 Scheiben Toastbrot
4 Scheiben Kochschinken

Den Schnittlauch in Röllchen schneiden, den Dill fein schneiden, und beides mit dem Frischkäse glatt rühren, mit Salz würzen, mit Cayennepfeffer leicht schärfen. Feldsalat waschen und trocken schleudern.

Die Tomaten in dicke Scheiben schneiden und auf ein mit Backpapier ausgelegtes Blech legen. Den Thymian fein hacken und über die Tomatenscheiben verteilen, mit Öl beträufeln, mit Salz, Pfeffer und etwas Zucker bestreuen. Den Backofengrill einschalten, und das Blech darunterschieben, die Tomaten ganz leicht karamellisieren lassen. Das dauert nur wenige Min., am besten dabeibleiben!

Das Brot toasten, je eine Scheibe pro Stulle mit Frischkäse bestreichen, mit Tomaten und Schinken belegen und mit Feldsalat garnieren. Die zweite Toastscheibe obendrauf setzen und genießen.

TIPP: Die Stullen schmecken auch to go, dafür den Frischkäse auf beiden Toastscheiben verteilen und die komplett erkalteten Stullen in Butterbrotpapier wickeln – Frischhaltefolie lässt die Stullen schwitzen und ist nicht so gut geeignet.

VARIANTEN: Schmeckt auch sehr gut in der vegetarischen Variante mit Ziegengouda oder einem anderen Lieblingskäse. Statt Toastbrot kann man auch Scheiben vom Lieblingsbrot verwenden, getoastet und ungetoastet. Wer es gerne besonders würzig mag, kann eine Toastscheibe mit grobem Senf bestreichen oder den Frischkäse zusätzlich mit geriebenem Meerrettich würzen.

Sternkrapfen mit Schokoladensauce

Churro heißt das knusprige fettgebackene Spritzgebäck aus Spanien, das sich in ganz Lateinamerika, den USA, Portugal, Frankreich und längst auch hierzulande größter Beliebtheit erfreut - insbesondere auf Jahrmärkten und Volksfesten schmecken die heißen Krapfen auf die Hand und im Gehen.

Für 4–6 Personen
30 Minuten

Für die Sternkrapfen:
20 g Butter
1 Msp. Zimt
1 TL Abrieb von 1 Bio-Zitrone
125 g Mehl (Type 405)
1 Ei (M)
1 Msp. Backpulver

Für die Schokoladensauce:
100 g Zartbitterkuvertüre
50 g Vollmilchkuvertüre
100 ml Sahne
50 ml Milch
1–2 TL Zucker

Außerdem:
Fett zum Frittieren
Puderzucker zum Bestreuen

Für die Sternkrapfen 225 g Wasser mit Butter, Zimt und Zitronenabrieb in einem kleinen Topf aufkochen, das Mehl zugeben, und alles mit einem Kochlöffel unter ständigem Rühren zu einem glatten Teig verrühren. 1–2 Min. weiterrühren, den Teig dann in eine Rührschüssel geben, und das Ei mit den Quirlen des Handrührgeräts unter den Teig rühren. Den Teig abkühlen lassen, dann erst das Backpulver zugeben und unterkneten.

Für die Schokoladensauce die Kuvertüre grob zerbrechen und mit Sahne, Milch und Zucker unter Rühren schmelzen, bis eine glänzende Sauce entstanden ist.

Reichlich Frittierfett in einer Fritteuse oder einem Topf mit hohem Rand auf ca. 180 °C erhitzen. (Die Temperatur ist erreicht, wenn an einem ins Fett getauchten Holzlöffel Bläschen aufsteigen.) Den Teig in einen Spritzbeutel mit Sterntülle füllen und portionsweise etwa 10 cm lange Teigschlangen ins Fett spritzen, die Enden an der Spritztülle mit einem Messer abschneiden. Die Krapfen in 6–8 Min. goldbraun backen und am besten heiß mit Schokoladensauce zum Dippen und Puderzucker zum Bestreuen servieren.

VARIANTEN: Statt mit der Schokoladensauce schmecken die Krapfen auch sehr gut mit Honig oder Vanillesauce.

RUMPELSTILZCHEN

Über dem Feuer

Es war einmal ein Müller, der war arm, hatte aber eine schöne Tochter. Eines Tages traf er den König auf der Straße, und um im Gespräch einen besonders guten Eindruck zu machen, übertrieb der Müller hier und da ein kleines bisschen:

»Ich habe eine Tochter, die kann Stroh zu Gold spinnen!«

Der König, der dem Gold durchaus zugeneigt war, zeigte sich beeindruckt: »Wenn deine Tochter so geschickt ist, dann bringe sie doch morgen in mein Schloss, da will ich sie auf die Probe stellen!«

Als das Mädchen kam, führte der König es in eine Kammer, die bis zur Decke mit Stroh gefüllt war, gab ihm ein Spinnrad und sprach streng: »Dann mal an die Arbeit! Du hast die ganze Nacht Zeit, wenn du aber bis morgen früh das Stroh nicht zu Gold versponnen hast, musst du sterben!« Er schloss die Kammer und die arme Müllerstochter blieb allein zurück, ratlos, denn sie hatte natürlich keinen Schimmer, wie man Stroh zu Gold spinnen könnte. Immer größer wurde ihre Angst, und sie weinte bitterlich. Plötzlich öffnete sich die Tür, und ein kleines Männchen trat ein:

»Guten Abend, junge Müllerin! Warum weinst du so sehr?«, flötete das Männlein.

»Ach, ich soll Stroh zu Gold spinnen und weiß nicht wie«, antwortete die Müllerstochter und zog schniefend die Nase hoch.

»Was gibst du mir, wenn ich das für dich mache?«, fragte das Männlein.

»Mein Halsband!«, rief das Mädchen, es war ein schönes Band aus dunklem Samt. Das Männchen steckte das samtige Band ein, setzte sich ans Spinnrad und, schnurrschnurrschnurr, dreimal gezogen, und schon war die erste Spule voller Goldfäden. Rasch die nächste Spule eingespannt, schnurrschnurrschnurr, dreimal gezogen, war auch diese Spindel voll, und am frühen Morgen war alles Stroh versponnen und alle Spulen umwickelt mit feinstem Gold.

Zum Sonnenaufgang fand sich der König in der Kammer ein, und als er das Gold erblickte, zeigte er sich sehr erfreut. Weil er aber ein geldgieriger alter Sack war, ließ er die arme Müllerstochter direkt in eine noch größere Kammer voller Stroh bringen und befahl ihr, auch diese Nacht zu spinnen, wenn sie an ihrem Leben hinge.

Wieder wusste sich das Mädchen nicht zu helfen und weinte sehr, da ging abermals die Tür auf, und das Männlein erschien: »Was gibst du mir, wenn ich dir das Stroh zu Gold spinne?«

Ohne lange zu überlegen antwortete das Mädchen: »Meinen Ring!« Schnell griff das Männchen den funkelnden Ring, ließ ihn in seine Tasche gleiten und ließ das Spinnrad schnurren. Bis zum Morgen war wieder alles Stroh zu glänzendem Gold gesponnen.

Der König freute sich ungemein beim Anblick des schimmernden Edelmetalls, in seiner grenzenlosen Gier ließ er aber die Müllerstochter erneut in eine noch größere Kammer voller Stroh bringen und erklärte: »Das alles musst du noch in dieser Nacht verspinnen, wenn dir das gelingt, sollst du meine Frau werden!« (Der König hatte sich am Vorabend ausgerechnet, dass er eine reichere Frau wohl nicht mehr finden würde.)

Als das Mädchen alleine auf dem riesigen Strohberg saß, schaute das Männlein zum dritten Mal vorbei: »Was gibst du mir, wenn ich dir dieses Mal erneut das Stroh zu Gold spinne?«

»Ich hab nichts mehr, das ich dir geben könnte!«

»So versprich mir, wenn du Königin bist, dein erstes Kind!«

Wo soll das nur hinführen, dachte die Müllerstochter, schüttelte traurig den Kopf, wusste sich aber in der Not nicht anders zu helfen, als einzuwilligen. Und das Männlein machte sich an die Arbeit, und alles Stroh wurde über Nacht zu Gold.

Als am Morgen der König kam und alles wie gewünscht vorfand, wurde sofort geheiratet, und aus der schönen Müllerstochter wurde die Frau Königin. Nach einem Jahr brachte sie ein schönes Kind zur Welt, das Männlein hatte sie längst vergessen, da trat es plötzlich in ihre Kammer und forderte: »Nun gib mir, was du mir versprochen hast!«

Die Königin erschrak, bot dem Männchen alle Reichtümer des Königreichs an, wenn sie nur ihr Kind behalten dürfe!

Doch das Männchen verneinte entschieden: »Ein eigenes Kind ist mir lieber als alle Schätze der Welt!« Da weinte die junge Mutter so sehr, dass das Männlein Mitleid bekam: »Na gut. Du hast drei Tage Zeit. Wenn du bis dahin meinen Namen rausbekommst, sollst du dein Kind behalten.«

Die ganze folgende Nacht dachte die Königin über alle Namen nach, die sie jemals gehört hatte, sie schickte einen Boten übers Land, der sich überall nach neuen Namen erkundigen sollte. Am nächsten Tag bereits schaute das Männlein auf einen Besuch vorbei, und die Königin zählte der Reihe nach alle Namen auf, die sie kannte, fing an mit

Caspar, Melchior und Balthasar … doch bei jedem Namen schüttelte das Männlein den Kopf: »So heiß ich nicht!«

Am zweiten Tag ließ die Königin ihren Boten nochmals das Volk befragen, trug dem Männlein dann die ungewöhnlichsten und seltsamsten Namen vor: Rippenbiest, Hammelswade, Ingolf-Torben und Sören-Justin. Das Männlein aber blieb dabei: »So heiß ich nicht!« Am dritten Tag kehrte der Bote mit schlechten Nachrichten zurück, er habe keine neuen Namen mehr finden können: »Tschuldigung! Ich habe aber, als ich an einem hohen Berg um eine Waldecke bog, ein kleines Haus gesehen, und vor dem Haus brannte ein Feuer, und um das Feuer sprang ein wirklich lächerliches Männchen, hüpfte auf einem Bein und schrie:

»Heute back ich, morgen brau ich, übermorgen hol ich der Königin ihr Kind, ach wie gut, dass niemand weiß, dass ich Rumpelstilzchen heiß!«

Ha! Die Königin war froh, nun den Namen zu wissen, und als das Männlein später zu Besuch kam und nachhakte: »Nun, Frau Königin, wie heiße ich denn?«, da fragte die Königin erst einmal schelmisch: »Heißt du Hinz? Oder Kunz?« Und als das Männlein verneinte, rief die Königin lachend: »Heißt du etwa Rumpelstilzchen?«

»Das hat dir der Teufel gesagt!«, schrie das Männlein. »Das hat dir der Teufel gesagt!« Rasend vor Zorn stampfte es mit dem rechten Fuß so fest auf, dass sich ein Loch in der Erde auftat, und bevor das Männlein darin verschwand, packte es wütend sein linkes Bein mit beiden Händen und riss sich selbst mitten entzwei.

Frische Suppe

In Schleswig-Holstein ist die Frische Suppe ein schöner Brauch zum Jahreswechsel. Am Neujahrsmittag versammelt sich die ganze Familie um den Topf mit der stärkenden Suppe, die Erlebnisse der Silvesternacht werden besprochen, und es wird noch mal aufs neue Jahr angestoßen. Die Suppe wärmt ordentlich, Lebensgeister steigen aus dem Dampf empor. Später, bei Kaffee und Keksen auf dem Sofa, könnte man sich Märchen vorlesen!

Für 4–6 Personen
40 Minuten plus knapp 2 Stunden am Vortag

Am Vortag:

1 Bund Suppengrün
1 Zwiebel
1 EL Öl
800 g Tafelspitz
Salz

Anderntags:

200 g Hokkaidokürbis
400 g bunte Möhren
200 g Pastinaken
150 g Petersilienwurzeln
1 EL Tomatenmark
80 g Reis
120 g Fadennudeln
Salz
3 grobe Bratwürste
20 g Butter
1 Bund Petersilie
Pfeffer

Am Vorabend das Suppengrün putzen, waschen und klein schneiden. Die Zwiebel halbieren und in einer Pfanne in Öl auf den Schnittflächen sehr dunkel anrösten. Alles mit dem Tafelspitz in einen Topf geben, mit Salz würzen. Der Tafelspitz sollte zwei Fingerbreit mit Wasser bedeckt sein. 1 ½ Stdn. offen kochen, den entstehenden Schaum abschöpfen. Den Tafelspitz über Nacht im Sud auskühlen lassen.

Anderntags den Kürbis putzen, Kerne entfernen, das Fruchtfleisch fein würfeln. Möhren, Pastinaken und Petersilienwurzeln schälen und in Scheiben schneiden. Die Brühe durch ein Sieb in einen zweiten Topf passieren (es sollten mind. 2 l sein), den Tafelspitz wieder hineinlegen und aufkochen. Tomatenmark zugeben.

Reis und Nudeln getrennt nach Packungsanweisung in Salzwasser kochen. Die Gemüse in die kochende Brühe geben. Das Bratwurstbrät in Bällchen aus der Pelle direkt in die kochende Bouillon geben und die Bällchen mit den Gemüsen 8–10 Min. offen kochen.

Reis und Nudeln abgießen und tropfnass und heiß in den Töpfen mit je 10 g Butter verrühren, leicht salzen und zugedeckt warm halten. Den Tafelspitz aus dem Sud nehmen und in Scheiben schneiden. Petersilie hacken und unter die Suppe rühren, mit Salz und Pfeffer würzen. Tafelspitz wieder in die Suppe geben, Reis und Nudeln als Beilagen separat dazu servieren.

Entrecote mit Radicchio und Rosinenmarmelade

Das gibt es in keinem Steakhaus: Butterzart und pfeffrig gelingt das Entrecote, begleitet von gebratenem Radicchio, dessen feine Bitterkeit mit der Süße der würzigen Rosinenmarmelade harmoniert.

Für 4 Personen
35 Minuten; Steaks mind. 3 Stunden vorher aus der Kühlung nehmen und mit Folie bedeckt auf Zimmertemperatur kommen lassen

Für die Rosinenmarmelade:

100 g Rosinen
50 g Hokkaidokürbis
20 g Ingwer
1 Apfel (z. B. Elstar)
1 Zwiebel
1 Knoblauchzehe
2 EL Olivenöl
4 EL brauner Zucker
200 ml Apfelsaft
1 Sternanis*
1 Prise Zimt
2 Kardamomkapseln*
2 EL Apfelessig (wahlweise Weißwein- oder Obstessig)
Salz
schwarzer Pfeffer aus der Mühle

Für Steak und Radicchio:

1 junge Knoblauchknolle
4 Entrecotes à 200 g (auch: Rib Eye Steaks)
2 EL Olivenöl
Salz
1 Radicchio
Pfeffer
1 EL Honig
20 g Butter
1 TL Balsamessig

Die Rosinen für die Rosinenmarmelade in Wasser 15 Min. weich kochen. Kürbis ungeschält in feine Würfel schneiden. Rosinen abgießen und in kaltem Wasser abkühlen. Abtropfen lassen. Ingwer schälen und fein reiben. Den Apfel schälen und fein reiben. Zwiebel und Knoblauch schälen, fein würfeln und mit den Kürbiswürfeln in einem kleinen Topf in Öl glasig dünsten. Rosinen zugeben, mit Zucker bestreuen und rühren, bis der Zucker geschmolzen ist. Ingwer und Apfelrieb zugeben, mit Apfelsaft ablöschen. Die Gewürze und den Essig zugeben. Offen dicklich einkochen. Mit etwas Salz und Pfeffer würzen und beiseitestellen.

Für Steak und Radicchio den Backofen auf 80 °C vorheizen, und eine Servierplatte (und optional auch schon die Servierteller!) erwärmen. Die Knoblauchknolle schräg halbieren, und die Schnittflächen salzen. Die Steaks dünn mit Olivenöl einreiben, salzen und in einer ebenfalls dünn mit Olivenöl ausgestrichenen Pfanne (oder auf dem Grill!) bei starker Hitze von jeder Seite 1 ½–2 ½ Min. (medium-rare–medium) braten bzw. grillen. Den Knoblauch mitgrillen bzw. -braten. Steaks und Knoblauch anschließend herausnehmen und im heißen Ofen auf der vorgewärmten Platte einige Min. ruhen lassen, dabei das Fleisch einmal wenden.

Radicchio nicht vom Strunk befreien, sondern achteln, der Strunk hält die Achtel am Ende zusammen. Olivenöl in die Steakpfanne geben. Die Achtel darin beidseitig scharf anbraten. Mit Salz und Pfeffer würzen, mit Honig beträufeln. Die Butter zugeben und die Achtel in der Pfanne durchschwenken. Mit Balsamessig beträufeln und zum Steak mit der Rosinenmarmelade und dem Knoblauch servieren.

***ECHTER STERNANIS UND GRÜNER KARDAMOM**

Sternanis und Kardamom sind beides Gewürze, die überwiegend in der indischen und orientalischen Küche Verwendung finden. Sie sind aber auch in Deutschland bereits seit dem Mittelalter als Würze beliebt, insbesondere für Lebkuchen und Spekulatius. Die grünen Kapseln des Kardamon können im Ganzen verwendet werden oder aber auch als fein gemahlenes Gewürz. Im Geschmack erinnert Kardamom leicht an Eukalyptus. Die hübschen Anis-Sterne sind echte Aromen-Wunder, sie schmecken und duften nach Anis und Fenchel, erinnern an Lakritz und haben eine pfeffrige Süße.

Brathähnchen mit Waldpilzen

Nur mit Salz gewürzt, brät das Hähnchen knusprig im Ofen und wird erst kurz vor dem Servieren mit einem Kräuteröl aus Zitronenverbene, Thymian und Salbei duftig bestrichen. Dazu knackfrische Waldpilze in Petersilienbutter aus der Pfanne – ein königliches Huhn!

Für 4 Personen
50 Minuten

1 Freilandhähnchen (ca. 1,2 kg)
Salz
4 Zweige Zitronenverbene*
2 Zweige Thymian
4 Blätter Salbei
3 EL Sonnenblumenöl
1 TL Paprikapulver, edelsüß
350 g gemischte Waldpilze nach Marktlage (z. B. Pfifferlinge, Steinpilze, Maronen-Röhrlinge oder Semmel-Stoppelpilze)
1 Schalotte
1 Knoblauchzehe
3 EL Olivenöl
20 g Butter
1 Sternanis
½ Bund Petersilie

Den Backofen auf 200 °C vorheizen. Das Hähnchen unter kaltem Wasser abspülen, innen und außen kräftig salzen und auf ein mit Backpapier ausgelegtes Blech setzen. 35 Min. im heißen Ofen braten.

Die Kräuter fein hacken und mit Sonnenblumenöl und Paprikapulver verrühren. Die Pilze putzen und mit einem trockenen Tuch abreiben. Größere Pilze halbieren.

5 Min. vor Ende der Garzeit das Huhn mit dem Kräuteröl bestreichen und weitere 5 Min. im Ofen braten. Schalotte und Knoblauch schälen und fein schneiden. Pilze in einer großen beschichteten Pfanne im heißen Olivenöl scharf anbraten. Schalotten, Knoblauch, Butter und Sternanis zugeben, dann erstmals durchschwenken und weitere 2 Min. braten (s. Tipp). Petersilie hacken und unterrühren. Die Pilze mit Salz würzen und zum Hähnchen servieren.

TIPP: Pilze haben einen hohen Wassergehalt und neigen dazu, während des Bratvorgangs zu schwitzen, sie verlieren Wasser und beginnen, im eigenen Saft zu dünsten. Lassen Sie in diesem Fall einfach das austretende Wasser verkochen, und braten Sie die Pilze anschließend weiter, bis sie Farbe annehmen. Der Eigengeschmack geputzter und geschnittener Pilze lässt sich intensivieren. Dafür die Pilze auf einem Backblech ausbreiten und für ca. 1 Std. an der Luft trocknen lassen.

***ZITRONENVERBENE**

Zitronenverbene kommt aus der Familie der Eisenkrautgewächse und ist überwiegend getrocknet in Tee zu finden. Als frisches Kraut verwendet, verleiht der Zitronenstrauch Gerichten eine feine zitronig-frische Note.

BUNTE MÖHREN
MAIRÜBCHEN
ROTE BETE

PASTINAKEN
RINGELBETE
TOPINAMBUR
PETERSILIENWURZELN
GELBE BETE

Räubereintopf

Alleine der wunderbare Duft nach Speck und Bohnenkraut, der sich beim Kochen entfaltet! Da werden selbst die wildesten Räuber zu friedlichen Kerlen, die selig ihre Suppe löffeln.

Für 4 Personen
35 Minuten

400 g durchwachsener Speck am Stück
1 ½ l Gemüsebrühe
300 g Erbsen in der Schote (wahlweise 180 g aufgetaute TK-Erbsen)
150 g grüne Bohnen
150 g Petersilienwurzeln
600 g mehligkochende Kartoffeln (s. auch S. 62 f.)
2 Zwiebeln
4 Zweige Bohnenkraut
4 Zweige glatte Petersilie
Salz
Pfeffer

Die Schwarte vom Speck schneiden, beides in einem großen Topf mit der Brühe aufkochen und bei geringer Hitze 20 Min. offen kochen. Den entstehenden Schaum abschöpfen.

Inzwischen die Erbsen aus den Schoten palen, die Bohnen putzen und dritteln. Petersilienwurzeln schälen und in Scheiben schneiden. Kartoffeln und Zwiebeln schälen und fein würfeln.

Die Schwarte entfernen. Kartoffeln, Zwiebeln, Petersilienwurzeln und Bohnen in die Brühe geben und 6 Min. kochen. Bohnenkraut von den Zweigen zupfen. Erbsen, Petersilienwurzeln und Bohnenkraut zugeben und weitere 4 Min. kochen. Petersilie fein zupfen und unter die Suppe rühren. Speck mit einer Fleischgabel herausnehmen und in Scheiben schneiden. Speckscheiben wieder zum Eintopf geben. Den Eintopf mit Salz und Pfeffer abschmecken, dabei umsichtig würzen, der Speck bringt schon viel Salz mit. Dampfend heiß servieren.

Safran-Bergkäse-Polenta mit Bratwurst und Fenchelsalat

Immer wieder taucht der Brei in deutschen Märchenwelten auf, bei den Grimms ist es Der süße Brei, der ein ganzes Dorf überschwemmt, und wer ins Schlaraffenland will, muss sich erst durch einen Berg von Brei löffeln. Eine gute Abkürzung dorthin ist der cremig-würzige Maisgrießbrei mit goldgelbem Safran, saftiger Bratwurst und Fenchelrohkost.

Für 4–6 Personen
35 Minuten

1 l Hühnerbrühe
1 Döschen Safranfäden (0,1 g)
50 g Butter
Salz
150 g Maisgrieß-Polenta
4 EL Öl
6–12 Fenchelbratwürste (z. B. Salsiccia, wahlweise grobe Schweinsbratwürste)
1 Saftorange
1 EL Weißweinessig
3 EL Olivenöl
4 Zweige Bronzefenchel*
½ kleine Fenchelknolle
150 g würziger Bergkäse (Allgäuer, Greyerzer oder Raclette)

Die Brühe mit Safran und Butter in einem Topf aufkochen, salzen, und den Maisgrieß mit einem Schneebesen einrühren. 3 Min. kochen, dabei mit einem Kochlöffel rühren. Vom Herd nehmen und zugedeckt 10 Min. ziehen lassen.

Das Öl in einer beschichteten Pfanne erhitzen, die Bratwürste darin bei mittlerer Hitze 8–10 Min. braten, dabei öfter wenden.

Die Orange auspressen, und aus dem Saft, Essig und Olivenöl eine Vinaigrette anrühren. Einen Zweig Bronzefenchel beiseitelegen, übriges Kraut fein schneiden und unter die Vinaigrette rühren. Den Fenchel hauchfein hobeln oder schneiden und mit der Vinaigrette vermengen.

Bergkäse raspeln und unter die Polenta rühren. Mit der Bratwurst auf vorgewärmte Teller geben und mit dem Fenchelsalat anrichten. Mit übrigem Bronzefenchel garniert servieren.

***BRONZEFENCHEL**

Bronzefenchel ist ein selten gewordenes, hocharomatisches Kraut, das mit dem Fenchel verwandt ist. Schon die Universalgelehrte Hildegard von Bingen lobte das Kraut in ihrer um 1150 erschienenen Physica De Plantis: »Wie auch immer er gegessen wird, macht er den Menschen fröhlich und vermittelt ihm angenehme Wärme und guten Schweiß und eine gute Verdauung.« Gleichermaßen aromatisch und wirkungsvoll ist grünes Fenchelkraut. Wer beides nicht bekommt, behilft sich mit dem milderen Fenchelgrün an der Fenchelknolle selbst.

»ICH HABE EINE TOCHTER,
DIE KANN STROH
ZU GOLD SPINNEN«

Schlachtplatte mit Weißwein-Birnenkraut und Kartoffelstampf

Zum Schlachttag wurde üppig aufgekocht: Siedfleisch und Rippchen dampften im Kessel, in dem auch die Leber für die Wurst garte, die Füllung für die frische Blutwurst wurde mit Speckwürfeln und Gewürzen angerührt, nebendran kochte das Kraut, und gestampfte Kartoffeln gab's dazu. Aber auch ohne eigene Hausschlachtung gelingt die Schlachtplatte mit folgendem Rezept.

Für 6–8 Personen
3 Stunden

Für die Rippchen, das Kraut und die Würste:

1 ½ kg fleischige Schweinsrippchen
Salz
2 Gemüsezwiebeln
4 dicke Scheiben durchwachsener Speck
1 EL Butterschmalz
8 Wacholderbeeren
8 Pimentkörner
1 TL Kümmelsaat
2 Lorbeerblätter
2 EL Zucker plus etwas zum Abschmecken
1 kg Sauerkraut
250 ml Riesling
1 Birne
800 g gemischte gebundene Grützwürste

Für den Kartoffelstampf:

1 ½ kg mehligkochende Kartoffeln
Salz
50–100 g Butter
150 ml Milch
1 Msp. Muskatnuss, gemahlen

Die Rippchen im Zweierabstand durchschneiden und in einem großen Topf mit kochendem Salzwasser bedeckt 2 Stdn. simmernd weich kochen. Topf vom Herd nehmen. 750 ml von der Rippchenbrühe abmessen und durch ein feines Sieb mit Tuch passieren.

Die Zwiebeln schälen und in feine Streifen schneiden. Speck in Stücke schneiden. Schmalz in einem Topf zerlassen, die Zwiebeln mit den Gewürzen und dem Speck darin glasig dünsten. Zucker zugeben. Dann das Sauerkraut zugeben und mit Weißwein ablöschen. Aufkochen und die abgemessene Rippchenbrühe zugeben. Offen 30 Min. bei mittlerer Hitze kochen. Nach 20 Min. die Birne schälen, entkernen, grob würfeln und unterrühren. Mit Salz und Zucker final abschmecken.

Nebenbei für den Kartoffelstampf die Kartoffeln in kochendem Salzwasser weich kochen, das dauert je nach Größe der Kartoffeln bis zu 30 Min. Abgießen, kalt abspülen und etwas ausdampfen lassen. Kartoffeln pellen und in einen Topf geben. Die Butter und die Milch zugeben und mit Salz und Muskat würzen. Die Kartoffeln mit einem Kartoffelstampfer oder einem robusten Schneebesen zerdrücken und leicht cremig rühren.

Vor dem Servieren die Grützwürste aufs heiße Kraut legen, den Deckel aufsetzen und das Kraut bei geringer Hitze weitere 15 Min. ziehen lassen, dabei erwärmen sich auch die Würste, die dabei viermal gewendet werden sollten.

Kesselgulasch

Wärmt feurig und macht löffelweise glücklich: butterzart geschmortes Fleisch, mit ordentlich Paprika und Bohnen im würzigen Tomaten-Paprika-Sud gegart. Dazu gibt's kühlen Schmand und Essiggurken mit eingelegten fruchtigen Pepperfrüchten.

Für 4–6 Personen
2 Stunden

1 kg Schweinenacken am Stück
1 EL Butterschmalz
500 g Gemüsezwiebeln
500 g rote Paprika
2 Knoblauchzehen
1 TL Kümmelsaat
30 g Paprikapulver, edelsüß
50 g Tomatenmark
2 Lorbeerblätter
2 EL Zucker plus etwas zum Abschmecken
50 g Graupen
150 ml Gewürzgurkenwasser
2 Dosen eingelegte Schältomaten à 450 ml EW
Salz
1 Dose kleine weiße Bohnen (425 g EW)
150 g Essiggurken
150 g eingelegte Pepperfrüchte*
½ Bund Dill
1 EL Öl
150 g Schmand
Pfeffer

Das Fleisch etwas größer als mundgerecht würfeln und in einem großen Bräter im heißen Butterschmalz rundherum braun anbraten. Die Zwiebeln schälen, grob würfeln, unterrühren und weiterbraten. Die Paprika vierteln, entkernen, grob stückeln und mitbraten.

Den Knoblauch schälen, in Scheiben schneiden und mit Kümmel, Paprikapulver, Tomatenmark, Lorbeer, Zucker und den Graupen unterrühren. 3 Min. unter Rühren schmoren.

Mit Gewürzgurkenwasser ablöschen, die Schältomaten zugeben. Die Dosen der Schältomaten mit heißem Wasser füllen und zugießen. Salzen. Bei mittlerer Hitze 1 Std. offen kochen. Die Bohnen abgießen und zum Gulasch geben. Bei mittlerer Hitze weitere 30 Min. offen kochen.

Die Essiggurken in feine Scheiben schneiden, die Pepperfrüchte klein schneiden und mit 2 EL vom Einlegsud der Pepperfrüchte mischen. Den Dill fein schneiden und mit dem Öl unter die Sauergemüse mengen. Schmand leicht salzen. Das Gulasch mit Salz, Zucker und Pfeffer würzig abschmecken und mit Schmand und Sauergemüsen servieren.

***PEPPERFRÜCHTE**

Pepperfrüchte sind eingelegte süß-pikante Paprikafrüchte, zwischen Peperoni und Paprika, die wunderbar fruchtig schmecken und unter den unterschiedlichsten Namen in den Handel kommen, z. B. Piquanté-Früchte oder Sweet African Chili Pepper. Ihre Heimat ist Südafrika.

Gebratene Birnen mit gerösteten Nüssen, Schmand und Zuckerrübensirup

Süß karamellisierte Birnen aus der Pfanne baden in rahmigem Schmand, für Knack und Knusper sorgen Keksbruch und geröstete Haselnüsse – schmeckt besonders zur Märchenstunde bei Kerzenschein!

Für 4 Personen
25 Minuten

100 g Schmand
3–4 EL Birnensaft
1 Msp. Zimt
100 g geschälte Haselnusskerne
2 EL Öl
100 g Butterkekse
50 g Butter
4 Birnen
4 EL brauner Zucker
4 EL Zuckerrübensirup (z. B. Grafschafter Goldsaft)

Schmand mit Birnensaft und Zimt dickflüssig-cremig rühren. Kalt stellen. Haselnusskerne grob hacken und in einer Pfanne im Öl goldbraun rösten. Butterkekse zerbröseln, 10 g Butter zugeben, dann beiseitestellen.

Die Birnen schälen, halbieren und mit einem Kugelausstecher entkernen. Den Boden einer großen beschichteten Pfanne mit dem braunen Zucker ausstreuen, die Birnen mit den Schnittflächen nach unten einlegen, den Zucker bei milder Hitze schmelzen, und die Birnen leicht karamellisieren lassen. 40 g Butter zugeben und schwenken, die Birnen weitere 2—3 Min. auf den Schnittflächen belassen. Dann drehen und nochmals 1—2 Min. in der Karamellbutter schwenken.

Schmand kreisförmig auf Tellern verstreichen, die Birnen aufsetzen und mit den Haselnuss-Keks-Bröseln bestreuen. Den Zuckerrübensirup streifig über das Dessert ziehen und sofort servieren.

SCHNEEWITTCHEN

Lieblingsgerichte

Es war einmal mitten im Winter, Schneeflocken fielen wie Federn vom Himmel herab, da saß eine Königin am Fenster, dessen Rahmen war aus schwarzem Ebenholz gefertigt. Die Königin nähte, und als sie hinaussah, ins Schneegestöber, stach sie sich versehentlich mit der Nadel in den Finger, und es fielen drei Tropfen Blut in den Schnee auf dem Fenstersims. Weil das rote Blut im weißen Schnee so hübsch aussah, dachte die Königin, sie hätte gerne ein Kind so weiß wie Schnee, so rot wie Blut und so schwarz wie das Holz des Fensterrahmens. Die Königin war nämlich schwanger und schenkte bald darauf einem Mädchen das Leben. Und ihre Tochter war so weiß wie Schnee, so rot wie Blut und so schwarzhaarig wie Ebenholz und wurde darum Schneewittchen genannt. Die Königin aber verstarb, als das Kind geboren wurde.

Schneewittchens Vater, der König, trauerte ein Jahr um seine liebe Frau, dann heiratete er wieder. Die neue Königin war eine schöne Frau, aber sie war auch stolz und selbstverliebt, und sie konnte sich nicht vorstellen, dass irgendjemand noch schöner sein könnte als sie. Sie besaß einen Wunderspiegel, der sprechen konnte, und wenn sie sich im Spiegel betrachtete, fragte sie:

»Spieglein, Spieglein an der Wand, wer ist die Schönste im ganzen Land?«

Und der Spiegel räusperte sich und antwortete schmeichelnd: »Frau Königin! Was für eine Frage! Natürlich seid Ihr die Schönste im ganzen Land!«

Die Königin war zufrieden mit der Antwort, denn sie wusste, dass der Spiegel stets die Wahrheit sprach. Schneewittchen aber wuchs heran und wurde immer schöner, und als sie 17 Jahre alt wurde, war sie so schön wie ein klarer Sommertag und schöner als die Königin selbst. Als diese dann ihren Spiegel fragte: »Spieglein, Spieglein an der Wand, wer ist die Schönste im ganzen Land?«, antwortete der Spiegel, der Wahrheit verpflichtet: »Frau Königin, ganz ehrlich, Ihr seid die Schönste hier! Aber Schneewittchen ist tausendmal schöner als Ihr!«

Das hörte die Königin nicht gerne, und sie wurde grün und gelb vor Neid. Von dieser Stunde an drehte sich ihr Herz im Leib herum, jedes Mal wenn sie Schneewittchen sah, so sehr hasste sie das Mädchen. Neid und Hochmut wucherten wie Unkraut in ihrem Herzen, immer wilder, Tag und Nacht hatte sie keine Ruhe mehr.

Schließlich engagierte sie einen Jäger, der das Mädchen im Wald erschießen und Leber und Lunge als Beweis für den Mord liefern sollte. Der Jäger gehorchte und führte Schneewittchen in den Wald. Als er seine Waffe anlegte, um Schneewittchens unschuldiges Herz zu durchbohren, weinte das Mädchen: »Lieber Jäger, lass mich leben! Ich laufe in den Wald und komme nie mehr heim, versprochen!« Der Jäger war sowieso schon sehr angetan von der Schönheit des Mädchens und bekam Mitleid, er ließ die Waffe sinken und nickte. Ihm fiel ein Stein vom Herzen, er war erleichtert, dass er das Mädchen nicht selbst töten musste. Das würden jetzt die wilden Tiere im Wald erledigen, wusste er. Der boshaften Königin brachte er Lunge und Leber einer jungen Wildsau, die der Koch des Königs in Salzwasser kochen und servieren musste. Die Königin aß mit Zufriedenheit und großem Genuss und glaubte, Schneewittchens Lunge und Leber zu essen.

Schneewittchen aber war mutterseelenallein im Wald zurückgeblieben und hatte große Angst. Es lief durch den dichten Blätterwald, lief ziellos über spitze Steine, lief über Dornen, wilde Tiere kreuzten seinen Weg, taten ihm aber nichts. Es lief, so weit seine Füße es trugen. Gegen Abend erreichte es ein kleines Häuschen und ging hinein, um sich auszuruhen. Alles war winzig in diesem kleinen Häuschen, zierlich und sauber stand ein weiß gedecktes Tischlein in der Mitte der guten Stube, mit sieben kleinen Tellern, jedes Tellerchen mit einem Löffelchen, dazu sieben Messerchen und Gäbelchen und sieben Becherchen. Entlang der Wände waren nebeneinander sieben Bettchen aufgestellt, mit schneeweißen Laken bezogen. Das hungrige Schneewittchen aß von jedem Tellerchen ein Stückchen Brot und etwas Gemüse, trank aus jedem Becherchen einen Tropfen Wein, um nicht einem alleine alles wegzuessen und leer zu trinken. Nach dem Mahl legte es sich müde in eines der Bettchen, doch das war zu kurz. Das nächste zu schmal. Erst das siebte Bettchen passte. Schneewittchen blieb darin liegen und schlief ein. Mit Einbruch der Dunkelheit erschienen die Herren des Häuschens, es waren die sieben Zwerge, die tagsüber in den Bergen nach Erz hackten und gruben. Sieben Lichtlein wurden entzündet, und als es hell wurde in der guten Stube, sahen die Zwerge, dass jemand im Haus gewesen sein musste, denn nicht alles stand an seinem Platz. Der erste Zwerg runzelte die Stirn: »Wer hat auf meinem Stühlchen gesessen?« Der zweite rief entsetzt: »Wer hat von meinem Tellerchen gegessen?« Und ein aufgeregtes Stimmengewirr hub an unter den Zwergen:

»Wer hat von meinem Brötchen abgebissen?« »Wer hat von meinem Gemüse geknabbert?« »Wer hat meine Gabel benutzt?« »Wer hat mit meinem Messer geschnitten?« »Wer hat aus meinem Becher getrunken?«

Hektisch sah sich der erste Zwerg im Raum um und entdeckte, dass seine Bettdecke ganz verkrumpelt war: »Wer hat in meinem Bettchen geschlafen?« »In meinem auch, in meinem auch!«, riefen die Zwerge jetzt durcheinander, da entdeckte der siebte Zwerg auf einmal das schlafende Schneewittchen in seinem Bett! Aufgeregt versammelten sich alle Zwerge vor dem Bett und leuchteten dem schlafenden Schneewittchen mit ihren sieben Lichtlein ins Gesicht: »Wow, die ist aber hübsch!« Die Zwerge waren hocherfreut und beschlossen, ihren Gast nicht zu wecken, und der siebte Zwerg schlief in dieser Nacht bei Freunden.

Als Schneewittchen anderntags erwachte, sah sie sich umringt von sieben Zwergen und erschrak erst einmal, die Zwerge aber fragten freundlich nach ihrem Namen. »Ich heiße Schneewittchen«, antwortete sie. »Und wie bist du in unser Haus gekommen?«

Schneewittchen erzählte alles: von der bösen Stiefmutter, dem Mordversuch, dem gnädigen Jäger und seiner langen Wanderung bis zu dem Häuschen. Die Zwerge nickten: »Sag mal, möchtest du vielleicht den Haushalt für uns machen, kochen, waschen, nähen, stricken und die Betten ausschütteln? Dann kannst du bei uns bleiben, und es wird dir an nichts fehlen!« »Von Herzen gerne!«, rief Schneewittchen und blieb. Es hielt das Haus in Ordnung wie besprochen: Morgens gingen die Zwerge in die Berge und suchten Erz und Gold, abends, wenn sie nach Hause kamen, musste das Abendessen bereitstehen. Tagsüber war Schneewittchen alleine im Haus, und die Zwerge warnten: »Hüte dich vor deiner Stiefmutter, die findet sicher bald raus, dass du hier lebst, lass niemanden herein!«

Die Königin aber, im sicheren Glauben, Lunge und Leber Schneewittchens verspeist zu haben und nun die Schönste im Land zu sein, trat vor den Spiegel und sprach siegesgewiss: »Spieglein, Spieglein an der Wand, wer ist die Schönste im ganzen Land?«

Der Spiegel antwortete zögerlich:

»Frau Königin, Ihr seid die Schönste hier! Aber Schneewittchen über den Bergen, bei den sieben Zwergen ist noch tausendmal schöner als Ihr.«

Da erschrak die Königin, wissend, dass der Spiegel noch nie gelogen hatte, und es wurde ihr klar, dass der Jäger sie betrogen hatte und Schneewittchen noch lebte. Voller Bosheit schmiedete die Königin einen Plan, um endlich die Schönste im Land zu werden: Sie malte sich Falten ins Gesicht, schminkte sich bis zur Unkenntlichkeit und kleidete sich wie eine fahrende Händlerin. Derart verkleidet machte sie sich auf den Weg über die sieben Berge, zu den sieben Zwergen und klopfte an die Tür des Zwergenhäuschens: »Schöne Waren zu verkaufen, schöne Waren!«

Schneewittchen sah zum Fenster raus: »Guten Tag, liebe Frau, was habt Ihr denn im Angebot?«

»Schnüre in allen Farben, zum Beispiel«, antwortete die falsche Alte und zeigte einige Schnüre aus Seide. Diese ehrliche Frau kann ich hereinlassen, dachte Schneewittchen, schloss die Tür auf und kaufte die schönsten Schnüre. Die Alte aber trat hinter es, legte eine der Schnüre um Schneewittchens Hals und zog zu. Schneewittchen verlor schnell den Atem und sank zu Boden. »Tja, jetzt bist du wohl die Schönste gewesen!«, spottete die Königin und entfernte sich rasch vom Tatort.

Als die Zwerge von der Arbeit heimkehrten und ihr Schneewittchen auf dem Boden liegen sahen, reglos, wie tot, erschraken sie. Ein Zwerg, der einen Erste-Hilfe-Kurs besucht hatte, befahl, Schneewittchen hochzuheben, sah die Schnüre um den Hals und lockerte das Band. Ein Röcheln war zu hören und ein Husten, und alsbald atmete Schneewittchen wieder. Als die Zwerge die Geschichte hörten, war schnell klar, dass die alte Händlerin niemand anderes als die gottlose Königin gewesen sein konnte, und sie beschworen Schneewittchen, künftig wirklich niemanden mehr hineinzulassen.

Zu Hause angekommen, befragte die böse Königin den Spiegel: »Spieglein, Spieglein an der Wand, wer ist die Schönste im ganzen Land?« Der Spiegel sprach wie gewohnt die Wahrheit: »Frau Königin, Ihr seid die Schönste hier! Aber Schneewittchen über den Bergen, bei den sieben Zwergen ist noch tausendmal schöner als Ihr.«

Vor Wut rasend wurde der Königin klar, dass Schneewittchen noch lebte. »Ich werde mir etwas ausdenken, das dich zugrunde richtet!«, zischte sie und vergiftete mit Hexenkünsten die Zinken eines Kamms. Als altes Weib verkleidet machte sie sich nochmals auf den Weg über die sieben Berge, zu den sieben Zwergen, klopfte an die Tür und rief: »Schöne Waren zu verkaufen, schöne Waren!«

Schneewittchen rief aus dem Fenster: »Ich darf niemanden reinlassen!«

»Wenigstens anschauen wird doch wohl erlaubt sein!«, grummelte die Alte und hob den giftigen Kamm in die Höhe. Der war so hübsch, dass Schneewittchen den Kamm sofort haben musste! Es öffnete die Tür und wurde schnell handelseinig mit der Alten, die anbot, Schneewittchen direkt mit dem neuen Kamm zu frisieren. Freudig willigte Schneewittchen ein, doch kaum hatte der Kamm sein Haar berührt, wirkte das Gift, und es fiel ohnmächtig zu Boden. »Tja, du Ausbund an Schönheit«, spottete die Alte, bevor sie sich hohnlachend auf den Heimweg machte, »jetzt ist es um dich geschehen!«

Gut, dass es rasch Abend wurde. Die Zwerge kamen nach Hause und fanden Schneewittchen auf der Erde liegend und ahnten schon, was passiert sein musste. Sie fanden schnell den vergifteten Kamm, zogen ihn heraus, und Schneewittchen kam wieder zu sich. Als es alles erzählt hatte, beschworen die Zwerge es noch einmal, wirklich niemanden mehr hereinzulassen!

Im Schloss befragte derweil die Königin den Spiegel: »Spieglein, Spieglein an der Wand, wer ist die Schönste im ganzen Land?« Der Spiegel gähnte leise:

»Frau Königin, Ihr seid die Schönste hier! Aber Schneewittchen über den Bergen, bei den sieben Zwergen ist noch tausendmal schöner als Ihr.«

Die böse Königin bebte vor Zorn und schrie: »Schneewittchen muss sterben, und wenn es mich selbst das Leben kostet!«

Zu allem bereit, schloss sich die Königin in einer geheimen Kammer ein und fertigte einen giftigen, giftigen, giftigen Apfel. Äußerlich sah er sehr schön aus, rotbackig und zum Reinbeißen appetitlich, aber: hochgiftig!

Diesmal verkleidete sie sich als Bauersfrau und wanderte erneut über die sieben Berge, zu den sieben Zwergen. Sie klopfte an, Schneewittchen streckte den Kopf zum Fenster heraus und sprach: »Ich darf keinen Menschen hereinlassen, die sieben Zwerge haben es mir verboten.« »Ist in Ordnung«, antwortete die Bäuerin. »Meine Äpfel will ich aber schon loswerden, weißt du was: Einen schenk ich dir!« Schneewittchen schüttelte den Kopf: »Ich darf nichts annehmen!«

»Denkst du, ich will dich vergiften?«, lachte die Alte falsch. »Guck! Ich schneide den Apfel in zwei Hälften, die schöne rote Hälfte ist für dich, die gelbe Hälfte für mich.« Die raffinierte Königin hatte den Apfel so präpariert, dass nur die rote Seite vergiftet war, das wusste aber Schneewittchen nicht, dem das Wasser im Mund zusammenlief, und als es die Bäuerin essen sah, konnte es nicht länger widerstehen. Es griff zu und biss in die vergiftete Apfelhälfte. Augenblicklich fiel es tot zur Erde. Die Königin beugte sich lachend über Schneewittchen und höhnte: »Weiß wie Schnee, rot wie Blut, schwarz wie Ebenholz, tja, diesmal können dich die Zwerge nicht wiederbeleben!« Als sie daheim den Spiegel befragte, fiel die Antwort des Spiegels knapp, aber eindeutig aus: »Frau Königin, Ihr seid die Schönste im ganzen Land!« Da hatte ihr neidisches Herz endlich Ruhe (so gut, wie ein neidisches Herz eben Ruhe haben kann).

Die Zwerge, die zum Feierabend nach Hause kamen, fanden Schneewittchen auf der Erde liegend, kein Atemhauch kam aus seinem Mund, es war tot. Die Zwerge hoben es hoch, suchten nach Schnüren oder Gift, kämmten ihm die Haare, wuschen es mit Wasser und Branntwein, aber es half alles nichts, ihr geliebtes Schneewittchen war tot und blieb es auch. Sie legten Schneewittchen auf eine Bahre, versammelten sich darum und weinten.

Drei Tage weinten sie. Dann wollten sie Schneewittchen begraben, brachten es aber nicht übers Herz, denn Schneewittchen sah immer noch wunderschön aus, frisch und lebendig, mit roten Wangen. Sie fertigten einen Sarg aus Glas an, sodass man die Schöne von allen Seiten betrachten konnte. Mit goldenen Buchstaben schrieben sie seinen Namen auf den Sarg und notierten auch, dass Schneewittchen eine Königstochter gewesen war. Dann trugen sie den Sarg auf den höchsten der sieben Berge, und die Zwerge bewachten den Sarg im Wechsel, tagaus, tagein. Sogar die Tiere trauerten und beweinten Schneewittchen, eine Eule, ein Rabe und ein Täubchen. Schneewittchen lag lange Zeit im Sarg, doch es blieb wunderschön, es sah aus, als schliefe es nur, so weiß wie Schnee, so rot wie Blut und so schwarz wie Ebenholz.

Eines Tages kam ein Königssohn in den Wald und bat im Zwergenhaus um Unterkunft. Der Prinz hatte den Sarg auf dem Berg gesehen und das schöne Schneewittchen darin, und er hatte gelesen, was in goldenen Buchstaben auf dem Sarg geschrieben stand. Er machte den Zwergen ein Angebot:

»Wisst ihr was, gebt mir den Sarg, und ich gebe euch dafür, was ihr wollt!«

Die sieben Zwerge schüttelten gleichzeitig die Köpfe und antworteten wie aus einem Mund: »Nicht um alles Gold der Welt!« »Dann schenkt mir doch bitte den Sarg, denn ich kann nicht mehr leben, ohne Schneewittchen anzusehen«, erklärte der Königssohn mit brüchiger Stimme. »Ich will Schneewittchen ehren und hoch achten wie mein Liebstes.«

Die gutherzigen Zwerge empfanden Mitleid, als sie das hörten, und schenkten ihm den Sarg, den der Königssohn auf den Schultern seiner Diener forttragen ließ. Doch die Träger kamen nicht weit, einer von ihnen stolperte über einen Strauch, und beinahe wäre der Sarg von den Schultern der Diener gekippt. Durch die Erschütterung löste sich aber das giftige Apfelstückchen im Hals von Schneewittchen, flog im hohen Bogen aus seinem Mund, und schon öffnete die Schöne ihre Augen, blinzelte, öffnete den gläsernen Deckel und setzte sich auf.

»Wo bin ich?«, rief die zum Leben Erweckte erstaunt und sah sich um. Der Königssohn antwortete mit Freude in der Stimme: »Du bist bei mir!«

Dann ersann er sich wieder seiner guten Manieren und stellte sich vor, erzählte, was geschehen war, und endete mit einem Geständnis: »Ich hab dich lieber als alles auf der Welt! Komm in meines Vaters Schloss, du sollst meine Frau werden. Willst du mich heiraten?« Und Schneewittchen nickte und begleitete ihn, und eine Hochzeit voller Pracht und Herrlichkeit wurde geplant.

Sogar die böse Königin wurde eingeladen, nur verschwieg man ihr den Namen der Braut. Kurz vor dem Fest trat die böse Königin in ihren schönsten Kleidern vor den Spiegel und fragte mal wieder: »Spieglein, Spieglein an der Wand, wer ist die Schönste im ganzen Land?« Der Spiegel, schon leicht eingetrübt, seufzte:

»Frau Königin. Noch mal. Ihr seid die Schönste hier. Aber die junge Königin ist eben doch tausendmal schöner als Ihr.«

Da fluchte die böse Königin, und es schnürte ihr den Hals zu vor Wut und Angst, so kannte sie sich gar nicht, und sie beschloss, nicht zur Hochzeit zu gehen. Doch die Neugier überwog, sie wollte die junge Königin sehen und ging doch zu dem Fest. Als sie die Feier betreten wollte und durch die Türen des Ballsaals Schneewittchen so stolz und schön und lebendig sah, erstarrte sie vor Angst und Schrecken. Sie stand still in einer dunklen Ecke bei der Tür und konnte sich nicht regen. Schweiß trat auf ihre Stirn, wärmer und wärmer wurde ihr, der Ballsaal drehte sich um sie, als tanze sie im Kreis, ihr wurde schwindelig, dann fiel sie zu Boden. Ihr böses Herz hatte aufgehört zu schlagen.

Drinnen vermisste niemand die Alte, die Festgesellschaft feierte laut und fröhlich. Und die sieben Zwerge stießen an diesem Abend mehr als siebenmal auf das Wohl der Brautleute an und auf ein langes, glückliches Leben.

Backfisch in Bier mit Remoulade von zwei Gurken

Backfisch auf Prinzen-Art: Der luftige Bierteig wird richtig knusprig, dazu passt die feine Remoulade mit zweierlei Gurken. Und der Chicoréesalat in Orangen-Vinaigrette sorgt für Frische. So beeindruckt man Prinzessinnen!

Für 4 Personen
40 Minuten

Für die Remoulade:

1 Bio-Minigurke (ca. 100 g)
Salz
100 g Essiggurken
1 Schalotte
100 g Mayonnaise (selbst gemacht s. S. 148)
1 EL scharfer Senf
2 Zweige Estragon
1 Prise Zucker

Für den Backfisch:

1 Ei (M)
50 ml Dunkelbier
75 g Mehl
Salz
4 Welsfilets à ca. 125 g (küchenfertig, entgrätet)
2 EL Zitronensaft
1 TL Paprikapulver, edelsüß
Öl zum Braten

Für den Chicoréesalat:

2 Chicorée
Saft von ½ Saftorange
3 EL Obstessig (wahlweise Weißweinessig)
1 TL Honig
4 EL Olivenöl
Salz
einige Zweige Fenchelkraut

Für die Remoulade die Minigurke würfeln, salzen und beiseitestellen. Die Essiggurken und die geschälte Schalotte fein würfeln und mit Mayonnaise, Senf und 1 EL Essiggurkenwasser verrühren. Estragon fein schneiden und unterrühren. Mit Salz und Zucker abschmecken.

Für den Backfisch das Ei trennen, das Eiweiß mit den Quirlen des Handrührgeräts steif schlagen. Eigelb und Bier glatt rühren. Mehl zugeben und alles zu einem glatten Teig verrühren. Eiweiß unterheben, den Teig mit Salz würzen und 10 Min. quellen lassen. Welsfilets mit Zitronensaft, Paprikapulver und Salz würzen.

Für den Chicorée-Salat den Chicorée in breite Ringe schneiden, in lauwarmem Wasser waschen und trocken schleudern. Aus Orangensaft, Essig, Honig und Olivenöl eine Vinaigrette anrühren. Mit Salz würzen.

Den Boden einer großen beschichteten Pfanne mit Öl bedecken, erhitzen. Welsfilets durch den Bierteig ziehen und vorsichtig ins Öl geben. Von jeder Seite 4–5 Min. goldbraun und knusprig ausbacken. Auf Küchenpapier abtropfen lassen.

Die gesalzenen frischen Minigurkenwürfel abtropfen lassen und unter die Remoulade rühren. Chicorée in der Vinaigrette marinieren. Den Backfisch mit der Remoulade und dem Chicoréesalat auf Tellern anrichten. Mit Fenchelkraut dekorieren und servieren.

Blutwurst-Puffer mit Apfelkompott

Himmel und Erde? Eher der Himmel auf Erden, wenn Blutwurst im wolkenfluffigen Teig knusprig brät. Dazu gibt es süßes Apfelkompott und einen Tipp von Schneewittchen: Äpfel nicht an der Haustür kaufen!

Für 4 Personen
35 Minuten

Für das Apfelkompott:
4 Äpfel (ca. 650 g, z. B. Boskoop)
Saft von 1 Zitrone
100 ml Apfelsaft
2 EL brauner Zucker

Für die Blutwurst-Puffer:
2 Eier (M)
¼ l Milch
150 g Mehl (Type 405)
½–1 TL Kümmelsaat
4–5 Zweige Majoran
Salz
200 g bratfeste (!) Blutwurst*
2–3 EL Öl zum Braten

Für das Kompott die Äpfel mit dem Sparschäler schälen und entkernen. Das Fruchtfleisch würfeln und mit frisch gepresstem Zitronensaft, Apfelsaft und braunem Zucker in einem Topf mischen. Apfelkompott zugedeckt 3 Min. schmoren, dann offen weitere 3 Min. unter Rühren schmoren. Beiseitestellen.

Für die Puffer die Eier trennen. Eigelbe mit Milch verrühren. Mit gesiebtem Mehl zu einem glatten Teig verrühren. 10 Min. quellen lassen. Den Kümmel grob mörsern. Majoran hacken. Eiweiße und eine Prise Salz in einer Rührschüssel mit den Quirlen des Handrührgeräts auf höchster Stufe steif schlagen und mit dem Kümmel und dem Majoran unter den Teig heben. Den Teig leicht salzen.

Den Backofen auf 80 °C vorheizen, eine ofenfeste Servierplatte hineinstellen. Die Blutwurst in dünne Scheiben schneiden. Öl in einer großen beschichteten Pfanne erhitzen. Sechs bis acht Blutwurstscheiben mit Abstand zueinander hineinlegen und mit je 1–2 EL Teig überziehen. 2 Min. bei mittlerer Hitze backen, die Puffer dann wenden und nochmals 2 Min. goldbraun backen. Fertige Puffer kurz auf Küchenpapier entfetten, dann im Ofen warm halten. Auf diese Weise die Puffer backen, bis der Teig verbraucht ist. Anschließend zum Kompott servieren.

TIPP: Sitzen kleine Zwerge mit am Tisch, bereiten Sie einige Puffer mit Lyoner statt mit Blutwurst zu, so schmeckt es auch den Jüngsten.

***BLUTWURST**

Blutwurst (auch: Rot- oder Schwarzwurst, Blunzen oder Flönz) ist eine überregionale Spezialität, die in unzähligen Formen, Würzungen und Konsistenzen überall in Deutschland hergestellt wird. Nicht alle Blutwurstsorten sind bratfähig, fragen Sie deshalb Ihren Metzger nach einer Blutwurst, die beim Braten nicht zerfällt oder zergeht.

»SPIEGLEIN, SPIEGLEIN AN DER WAND. WER IST DIE SCHÖNSTE IM GANZEN LAND?«

Errötendes Mädchen

Frische Beeren lassen die Buttermilch-Sahnespeise, die luftig auf der Zunge zergeht, vornehm erröten. Sommer zum Weglöffeln.

Für 4–6 Personen
20 Minuten plus
mind. 6 Stunden Kühlzeit

150 g rote Johannisbeeren
300 g Erdbeeren
150 g Himbeeren
Saft von 1 Zitrone
80 g kernfreie rote Beerenmarmelade (sortenrein oder gemischt)
10 Blatt Gelatine
250 ml Buttermilch
250 ml Sahne
60–80 g Zucker

Die Beeren waschen. Von allen Beeren ca. 100 g Früchte für die Dekoration auf einem mit Küchenpapier ausgelegten Teller beiseitestellen. Dann die Johannisbeeren von den Rispen zupfen, die Erdbeeren putzen und mit den Himbeeren, dem Zitronensaft und der Marmelade fein pürieren.

Gelatine in kaltem Wasser einweichen. 4 EL Fruchtsauce in einen kleinen Topf geben. Übrige Fruchtsauce mit Buttermilch verrühren. Die Sahne steif schlagen, dabei den Zucker einrieseln lassen.

Eingeweichte Gelatine trocken ausdrücken und in den Topf mit der Fruchtsauce geben. Unter Rühren erwärmen, bis sich die Gelatine gelöst hat. Mit einem Schneebesen rasch in die Buttermilch-Fruchtmischung rühren. Die geschlagene Sahne portionsweise unterheben.

Die Creme auf Portionsförmchen verteilen oder in eine größere Sturzform oder auch einfach eine Schüssel füllen. Zugedeckt im Kühlschrank mind. 6 Stdn. durchkühlen und erstarren lassen.

Die Creme aus der Form auf Teller oder eine Platte stürzen, dazu die Form kurz in heißes Wasser tauchen. Mit den zur Seite gelegten Beerenfrüchten dekorieren und servieren.

Spargel mit Petersiliensauce

Bis Johanni nicht vergessen: sieben Wochen Spargel essen, besagt die alte Bauernregel, die uns daran erinnert, dass die Spargelsaison so kurz wie köstlich ist. Kirschen rot, Spargel tot, wussten schon die Alten, in Deutschland ist das Ende der Spargelzeit aber natürlich auch hochoffiziell kalendarisch festgehalten: Am Johannistag, dem 24. Juni, ist Schluss. Bis dahin Spargel schlemmen! Mit Petersiliensauce und warmer Räucherforelle beispielsweise.

Für 4 Personen
1 Stunde

800 g kleine neue Kartoffeln
Salz
2 kg weißer Spargel
1 EL Zucker
1 üppiges Bund Petersilie
50 g Bachkresse
1 EL Butterschmalz
2 Räucherforellen
30 g Butter
200 ml Milch
200 ml kalte Gemüsebrühe
150 ml Sahne
20 g Mehl
1 Spritzer Weißwein
Pfeffer aus der Mühle

Die Kartoffeln waschen und mit Schale in Salzwasser 10–15 Min. kochen, die Kartoffeln dürfen noch Biss haben. In kaltem Wasser abkühlen. Spargel schälen, die Enden dünn abschneiden, und die Stangen bis zur weiteren Verwendung in ein feuchtes Geschirrtuch wickeln. Die Schalen mit Zucker und 3 l Salzwasser bedeckt in einem Topf langsam aufkochen. Schalen mit einer Schaumkelle entfernen. Den Spargelsud beiseitestellen.

Petersilie und Bachkresse waschen und trocken schleudern. Bachkresse in mundgerechte Stücke zupfen, dabei die dicken Zweige entfernen. Den Backofen auf 50 °C vorheizen. Die Kartoffeln pellen und in einer Pfanne in Butterschmalz goldbraun braten, dabei öfter schwenken. Kartoffeln mit Salz würzen und in einer Auflaufform im Ofen warm stellen. Forellen auf eine Platte geben und ebenfalls im Ofen wärmen.

Butter, Milch, Brühe, Sahne und Mehl mit einem Schneebesen in einem Topf verrühren. Auf den Herd setzen und bei mittlerer Hitze unter ständigem Rühren mit dem Schneebesen aufkochen. 2 Min. offen kochen lassen, dabei rühren. Die Hälfte der Sauce in einem hohen Gefäß mit der Petersilie grasgrün pürieren und wieder zurück in den Topf geben. Sauce glatt rühren und mit Salz und Weißwein abschmecken.

Den geschälten Spargel im Spargelkochsud, je nach Dicke der Stangen, in 8–15 Min. bissfest garen. Forellen aus dem Ofen nehmen, die Haut abziehen, die Filets auslösen, pfeffern und bis zum Servieren nochmals in den Ofen geben. Den gegarten Spargel – kochwasserfrisch und heiß – abgetropft auf vorgewärmte Teller verteilen und mit der Petersiliensauce, den Kartoffeln und den Forellenfilets anrichten. Mit Bachkresse dekoriert servieren.

VARIANTEN: Die Sauce lässt sich auch sehr schön mit einem Bund Kräuter für Grüne Sauce variieren. Statt der Forelle können Sie auch gekochte Eier dazu servieren oder luftgetrockneten Schinken aus der Region.

Ziegenkäse mit Wildkräutern und geschmorten Kirschen

Schneewittchen war ein schönes Königskind, mit einem vornehm blassen Teint, so weiß wie Schnee, gut durchbluteten, roten Wangen und schwarzem Haar, das an Ebenholz erinnerte. Von der Schönheit der holden Maid ist der Salat mit weißem Ziegengouda, roten Kirschen und schwarzen Walnüssen inspiriert.

Für 7 Zwerge
20 Minuten

200 g Süßkirschen
2 EL Zucker
1 EL Rotwein
2 EL Kirschsaft
2–3 EL Rotweinessig
1 EL flüssiger Honig
4 EL Olivenöl
Salz
100 g Wildkräutersalat (s. Tipp)
50 g Eiskrautsalat*
50 g schwarze Nüsse*
350 g Ziegengouda in Scheiben

Die Kirschen halbieren und entsteinen. In einem kleinen Topf Zucker, Rotwein und Kirschsaft aufkochen und 1–2 Min. offen dicklich einkochen. Die Kirschen zugeben und unter Rühren ½ Min. schmoren. Beiseitestellen.

Aus Rotweinessig, Honig und Olivenöl eine einfache Vinaigrette rühren und mit Salz würzen. Den Wildkräuter- und den Glacial-Salat (s. unten) waschen und trocken schleudern. Die schwarzen Walnüsse abtropfen lassen und in Scheiben schneiden.

Den Käse flach auf einer Platte oder auf Tellern auslegen. Die Salate mit der Vinaigrette marinieren und auf dem Käse anrichten. Schwarze Walnüsse in den Salat geben, die Kirschen rundherum anrichten. Sofort servieren. Dazu passt gebuttertes Schwarzbrot.

TIPP: Den ganzen Sommer über finden sich auf Wochenmärkten Wildkräuter und Wildkräutersalatmischungen, sie enthalten je nach Marktlage Löwenzahn, Vogelmiere, Giersch, junge Brennnesseln, Bachkresse, Petersilie u.a. (s. dazu auch S. 146 f.).

***EISKRAUTSALAT** Eiskraut ist eine sukkulente (wasserspeichernde) Pflanze, ihre Blätter sind dementsprechend saftig und dicht mit perlenartigen kleinen Papillen besetzt. Eiskrautsalat wird in Deutschland auch unter seinem französischen Namen Glaciale gehandelt.

***SCHWARZE NÜSSE** Schwarze Nüsse sind eine Delikatesse, für die unreife, noch grüne Walnüsse mit weicher Schale in einem aufwendigen Prozess süß-würzig eingekocht und eingelegt werden und dabei schwarz fermentieren. Die Nüsse ziehen 2 bis 4 Jahre im Zuckersirup, dann schmecken sie am besten. Insbesondere in der Pfalz werden die Schwarzen Nüsse hergestellt, aber auch im Alten Land bei Hamburg pflegt man die Tradition.

BACHKRESSE
BOHNENKRAUT
ESTRAGON
MINZE
BORRETSCH

PIMPINELLE
DILL / DILLBLÜTE
KERBEL
ZITRONENVERBENE
BRONZEFENCHEL

Eier in grüner Sauce

Einmal quer durch den Kräutergarten für die schnelle Sauce, dazu Eier und Kartoffeln kochen, und fertig ist der Frühling auf dem Teller!

Für 4–6 Personen
35 Minuten

600 g mittelgroße bis kleine Kartoffeln
Salz
100 g Mayonnaise (selbst gemacht s. u.)
450 ml Vollmilchjoghurt
1–2 TL scharfer Senf
100 ml Milch
1 Bund Petersilie
1 Bund Kerbel
1 Bund Pimpinelle
1 Bund Dill
1 Bund Basilikum
1–2 EL Weißweinessig plus 1 Spritzer
Pfeffer
8–12 Eier (M; pro Person 2)

Die Kartoffeln mit Schale in Salzwasser weich kochen, das dauert je nach Größe 15–20 Min.

Für die Sauce die Mayonnaise mit Joghurt, Senf und Milch glatt rühren. Einige Zweige der Kräuter zum Dekorieren beiseitelegen. Die Kräuter grob hacken und im Mixer mit der Hälfte der Sauce grün pürieren. Unter die übrige Sauce rühren und mit Weißweinessig, Salz und Pfeffer abschmecken. Kalt stellen.

Die Eier mit einem Spritzer Essig in Wasser 10 Min. kochen. Kartoffeln abgießen, in kaltem Wasser leicht abkühlen lassen und pellen. Die Eier abgießen, kurz unter kaltes Wasser halten, pellen und mit der Sauce und den Kartoffeln in tiefen Tellern anrichten. Mit Kräutern dekoriert servieren.

MAYONNAISE HAUSGEMACHT

Für die Zubereitung einer klassischen Mayonnaise sollten alle Zutaten die gleiche Temperatur haben (Kühlschrank oder Zimmertemperatur), das verhindert ein mögliches Gerinnen. Die Eier sollten wirklich frisch sein.

1 Eigelb mit 1 TL scharfem Senf, 1 TL Weißweinessig und 1 Prise Salz mit dem Stabmixer im Mixbecher pürieren. 150 ml Pflanzenöl erst tröpfchenweise, dann in dünnem Strahl untermixen. Mit Salz würzen. Die Mayonnaise im Kühlschrank aufbewahren und am Tag der Herstellung verbrauchen.

Schwarzwurzeln in Schnittlauch-vinaigrette mit verlorenem Ei

Schwarzwurzeln erinnern im Geschmack sowohl an Spargel als auch an Artischocke. Der Spargel des Winters wird das Wurzelgemüse auch genannt, das sein feines, elfenbeinfarbenes Fleisch hinter schwarzer Schale verbirgt. Im folgenden Rezept zeigt sich die Schwarzwurzel von ihrer schönsten Seite.

Für 4–6 Personen
40 Minuten

1 große festkochende Kartoffel
einige Stängel Schnittlauch
2–3 EL Sherry-Essig (wahlweise Weißweinessig)
2 EL heller Traubensaft
1 TL scharfer Senf
1 TL Honig
5 EL Olivenöl
1 EL Haselnussöl (wahlweise Walnussöl)
Salz
600 g Schwarzwurzeln
3 EL Essig
4 Eier (M)
Öl für die Tassen
Pfeffer
Öl zum Frittieren

Die Kartoffel schälen, in sehr feine Scheiben hobeln oder schneiden, dann in sehr feine Streifen reiben oder schneiden. Das Kartoffelstroh in kaltes Wasser legen und beiseitestellen.

Für die Vinaigrette den Schnittlauch in Röllchen schneiden und mit Essig, Traubensaft, Senf, Honig, Olivenöl und Haselnussöl zu einer Vinaigrette verrühren. Mit Salz würzen.

Die Schwarzwurzeln gründlich unter heißem Wasser waschen, dann mit dem Sparschäler schälen (s. Tipp) und halbieren. Bereits geschälte Stangen sofort in Essigwasser (1 l Wasser mit 1 EL Essig) einlegen. Die Schwarzwurzeln abgießen, kalt abspülen und in kochendem Salzwasser 8–10 Min. garen, die Stangen dürfen noch Biss haben. Herausnehmen, kalt abspülen und noch warm mit der Vinaigrette marinieren.

In einem zweiten Topf 2 EL Essig zum Kochwasser geben und aufkochen. Eier zuerst einzeln in geölte Tassen schlagen, dann nacheinander ins leicht siedende Wasser gleiten lassen, mit einem größeren Löffel auffangen, und das stockende Eiweiß um das Eigelb hüllen. Die Eier 3–4 Min. im siedenden Wasser garen. Vorsichtig aus dem Wasser heben und leicht salzen und pfeffern.

Das Kartoffelstroh zwischen Küchenpapier trocken rubbeln. Eine Handbreit Öl in einem sehr hohen Topf oder einer Fritteuse erhitzen, das Stroh darin in wenigen Min. goldbraun frittieren. Mit einer Schaumkelle herausnehmen, auf Küchenpapier abtropfen lassen und salzen.

Die lauwarm marinierten Schwarzwurzeln mit den verlorenen Eiern und dem Kartoffelstroh anrichten, sofort servieren.

TIPP: Beim Schälen von Schwarzwurzeln tritt klebriger Pflanzensaft aus, der schnell oxidiert und die Hände braun färbt. Schälen Sie die Wurzeln daher am besten mit Einweghandschuhen und unter fließendem Wasser. Alternativ finden sich auf Wochenmärkten und auch in Supermärkten mittlerweile immer öfter fertig geschälte und vakuumverpackte Schwarzwurzeln im Angebot.

Bratapfel mit Marzipan-Nuss-Füllung und Zimtwölkchen

Ofenfrisch und heiß schmecken die saftig-süßen Bratapfelhälften mit Marzipan und Haselnüssen am besten - serviert auf kühler Vanille-Joghurtsauce. Bei der Auswahl des Apfels dürfen Sie getrost regionalen Apfelbauern und Markthändlern vertrauen - das Vergiften von Äpfeln ist stark aus der Mode gekommen.

Für 4 Personen
30 Minuten

2 Eier (M)
Salz
40 g Haselnussblättchen
100 g Marzipanrohmasse
2 EL Weißwein
40 g Rosinen
80 g Spekulatiuskekse
20 g gehackte grüne Pistazien
4 kleine Äpfel (z. B. Elstar)
150 ml Sahne
1 EL Zucker
1 Msp. Zimtpulver
150 g echter Vanillejoghurt

Die Eier trennen, Eigelbe in einen Schlagkessel oder eine Metallschüssel geben. Eiweiße mit einer Prise Salz steif schlagen, das geht am schnellsten mit den Quirlen des Handrührgeräts. Die Haselnussblättchen vorsichtig unterheben und das Eiweiß kalt stellen.

Das Marzipan fein reiben und mit dem Weißwein zum Eigelb geben. Etwas Wasser in einem Topf aufkochen, den Schlagkessel bzw. die Metallschüssel aufsetzen und die Eigelb-Marzipanmasse mit den Quirlen des Handrührgeräts über dem Wasserbad dicklich-cremig aufschlagen. Den Backofen auf 200 °C vorheizen.

Die Masse vom Topf nehmen, Rosinen und fein zerbröselte Spekulatiuskekse unter die Masse heben, dann das Eiweiß, zuletzt die grünen Pistazien zugeben. Die Äpfel halbieren und mit einem Kugelausstecher entkernen. Auf der gewölbten Seite ein Stückchen Apfel dünn abschneiden, sodass die Hälften stehen bleiben. Die Apfelhälften auf ein mit Backpapier ausgelegtes Blech setzen, die Masse auf den Schnittflächen verteilen. Im Ofen auf der zweiten Schiene von unten 10–12 Min. backen.

Inzwischen die Sahne mit dem Zucker cremig-steif schlagen, zwei Drittel der Sahne zusätzlich mit Zimt verquirlen. Das übrige Drittel mit dem Vanillejoghurt glatt rühren. Die Äpfel auf dem Vanillejoghurt servieren, mit Zimtsahne toppen.

VARIANTEN: Sie können statt der Spekulatiuskekse auch Ihre Lieblingskekse verwenden oder mit Müslimischungen arbeiten. Die Rosinen können durch getrocknete Cranberrys ersetzt oder weggelassen werden.

DIE BREMER STADTMUSIKANTEN

Abendbrot

Ein alter Esel hatte seinem Herrn viele Jahre treu gedient, nun aber schwanden ihm die Kräfte, und die Arbeit wurde immer mühsamer. Als sein Herr entschied, das alte Grauohr nicht länger durchzufüttern, merkte der Esel schnell, dass kein guter Wind mehr für ihn wehte! Er lief fort und machte sich auf den Weg nach Bremen: »Ich kann ja Stadtmusikant werden«, dachte er.

Als er eine Weile gegangen war, sah er einen japsenden Jagdhund auf dem Weg liegen, der sich wohl müde gelaufen hatte. »Nun, was japst du so, Hund?«, fragte der Esel.

»Ach, ich bin alt geworden«, jammerte der Hund atemlos, »jeden Tag werde ich schwächer und bei der Jagd komme ich auch nicht mehr mit. Mein Herrchen wollte mich einschläfern! Das muss man sich mal vorstellen! Da hab ich lieber Reißaus genommen. Jetzt weiß ich aber nicht, womit ich mein Futter verdienen kann.«

»Weißt du was? Ich habs!«, rief der Esel. »Ich geh nach Bremen, um dort Stadtmusikant zu werden, komm doch mit und werde auch Musiker! Ich spiele Gitarre und du kannst trommeln!«

Der Hund nickte und sie gingen gemeinsam weiter. Es dauerte nicht lange, da saß eine Katze am Wegesrand, die machte ein Gesicht wie drei Tage Regenwetter. »Hui, was für eine Laus ist dir denn über die Leber gelaufen, alter Bartputzer?«, fragte freundlich lachend der Esel.

»Da gibt's nichts zu lachen, wenn man dir an den Kragen will!«, fauchte die Katze. »Ich bin alt, meine Zähne sind stumpf, und ich sitze nun mal lieber hinter dem warmen Ofen, als nach Mäusen zu jagen. Kurz bevor man mich ertränken wollte, konnte ich gerade noch fliehen! Jetzt weiß ich aber nicht wohin.« »Komm doch mit uns nach Bremen, du kennst dich doch aus mit Nachtmusik, du könntest Stadtmusikantin werden!« »Das ist eine Idee!«, maunzte die Katze erfreut und ging mit.

Kurze Zeit später kamen die drei Flüchtlinge an einem Bauernhof vorbei, auf dessen Tor ein Haushahn saß, der nach Leibeskräften schrie. »Hui«, sprach der Esel, »was soll das denn werden?«

Der Hahn räusperte sich: »Das ist der Wetterbericht. Ich sage gutes Wetter voraus! Morgen ist ja Feiertag, und Sonntag kommen auch noch Gäste. Verlängertes Wochenende! Mein Pech ist aber, dass die Hausherrin der Köchin gesagt hat, sie möge ein kräftiges Hühnersüppchen aus mir kochen. Jetzt krähe ich eben, solange ich noch kann!«

»Rotkopf, jetzt ist aber mal Schluss mit Selbstmitleid, komm einfach mit uns, wir ziehen nach Bremen, etwas Besseres als den Suppentopf findest du überall. Du hast eine gute Stimme! Wenn wir zusammen musizieren, wird das sicher ein Riesenerfolg!«

Der Hahn fühlte sich geschmeichelt, und sie gingen zu viert weiter. Doch der Weg war lang für die Seniorentruppe und Bremen noch in weiter Ferne, in einem Wald schlugen sie ihr Nachtlager auf. Esel und Hund legten sich unter einen großen Baum, die Katze machte es sich auf den beiden gemütlich, und der Hahn flog auf die Spitze, wo er in Sicherheit war. Er rieb sich die müden Augen, sah sich noch einmal um – und entdeckte Lichterfunken! »Da drüben muss ein Haus sein!«, rief er aufgeregt seinen Kollegen zu. »Da brennt noch Licht!«

»Okay. Machen wir uns auf den Weg dahin, die Herberge hier ist sowieso sehr schlecht«, entschied der Esel. Und der Hund träumte laut von ein paar Hundeknochen mit Fleisch dran: »Das täte mir gut!«

Sie gingen auf die Lichter zu, immer näher kamen

sie und standen plötzlich vor einem hell erleuchteten Räuberhaus! Der Esel, als Größter, sah zum Fenster hinein. »Was siehst du?«, fragte heiser der Hahn. »Einen gedeckten Tisch«, flüsterte der Esel, »mit schönem Essen und Trinken, und da sitzen Räuber am Tisch und hauen ordentlich rein!« Dem Esel lief das Wasser im Mund zusammen, und er musste schlucken, bevor er weiter berichtete: »Sie essen Bremer Knipp! Ich sehe einen Berg Fischfrikadellen, Krabbenbrote, dampfende Kartoffelsuppe. Lachsfisch und Heringssülze mit Gürkchen und Bratkartoffeln!«

»Das wär doch was für uns!«, krächzte der Hahn, und der Esel nickte heftig, dann beratschlagten sich die Tiere, wie sie die Räuber vertreiben könnten – und hatten schnell einen Plan. Der Esel stellte die Vorderhufe aufs Fenstersims, der Hund stellte sich auf den Rücken des Esels, die Katze hüpfte hinauf auf den Hund, und der Hahn flog auf den Kopf der Katze. Der Esel zählte ein: »Okay, auf drei, Leute! A one, a one, a one, two, threeeee!« Auf Kommando schrie der Esel, der Hund bellte, die Katze miaute ausdauernd, und der Hahn krähte so laut wie nie zuvor! Dann stürzten sie durch das Fenster in die Stube hinein, Scheiben klirrten, die Räuber erschraken beinahe zu Tode, glaubten, ein Gespenst käme herein, und flohen vor Angst in den Wald.

Die Musikanten machten es sich am Tisch bequem und aßen, was die Räuber übrig gelassen hatten, schmausten, als gäbe es lange nichts mehr. Der Esel füllte die Gläser seiner Kollegen mit tiefdunkel funkelndem Rotwein, der Hund seufzte selig und nahm sich fünf Frikadellen auf einmal, neben ihm löffelte die Katze schnurrend würzige Heringssülze und der Hahn pickte sich nur die größten und saftigsten Krabben vom Butterbrot. Als sie satt waren, löschten sie das Licht und suchten sich einen Schlafplatz, jedes Tier nach den eigenen Vorlieben: Der Esel legte sich auf den Strohberg im Hof, der Hund rollte sich hinter der Tür zusammen, die Katze machte es sich am warmen Herd gemütlich, und der Hahn flatterte ins Stallgebälk. Müde vom langen Weg und dem großen Abenteuer schliefen sie schnell ein. Als Mitternacht vorbei war, und die Räuber im Wald sahen, dass kein Licht mehr im Haus brannte und auch sonst alles ruhig schien, entschied der Räuberhauptmann: »Ich glaube, da hat uns jemand veräppelt, geh mal einer zurück ins Haus, um nachzusehen, wie die Lage ist.«

Ein junger Räuber machte sich auf den Weg. Im Haus war alles still. Der Räuber schlich in die Küche, um Licht zu machen. Leider verwechselte er die glühenden, feurigen Augen der Katze in der Dunkelheit mit glimmenden Kohlen und hielt ein Streichholz daran, um die vermeintlichen Kohlestücke neu zu entfachen. Da verstand die Katze aber keinen Spaß, sprang dem Räuber ins Gesicht, fauchte und kratzte. Der junge Räuber erschrak und rannte zur Hintertür. Da aber lag der Hund und biss ihm ins Bein. Der Räuber humpelte weiter über den Hof, kam am Strohberg vorbei, wo ihm der Esel mit dem Hinterhuf zwei kräftige Schläge in den Hintern gab, der Hahn schrie dazu triumphierend: »Kikeriki! Kikeriki!«

Atemlos nahm der junge Räuber Reißaus und berichtete seinem Hauptmann, im Haus säße eine grässliche Hexe mit glühenden Augen, die ihm das Gesicht zerkratzt habe mit langen, scharfen Fingernägeln. Und hinter der Tür habe ein Mann gestanden, der ihm mit einem Messer ins Bein geritzt habe. Am allerschlimmsten sei aber das schwarze Ungeheuer auf dem Strohberg, das ihm mit einer Holzkeule den Hintern versohlt hätte. Doch damit nicht genug: »Und oben auf dem Dach, da saß ein Polizist, der rief die ganze Zeit: ›Kommst in den Knast! Kommst in den Knast!‹ Ich bin dann weggerannt.« Mit großen Augen und Sorgenfalten auf der Stirn lauschten die Räuber dem Bericht und beschlossen, sich lieber anderswo ein neues Haus zu suchen.

Die vier Musikanten aber machten es sich gemütlich in ihrem neuen Heim, gaben aufeinander acht, kochten gemeinsam die schönsten Gerichte und musizierten jeden Tag zusammen.

Bremer Knipp

Der Knipp ist ein Bremer Nationalgericht, die gebratene Grützwurst aus Schweinefleisch, Leber und Hafergrütze ist eine würzige Köstlichkeit, die - in der Pfanne gebraten - ganz leicht zergeht und mit süß-saurem Kürbis, Spiegelei und Gewürzgurke serviert wird. Hier kommt die Hausmacherversion zum Nachkochen!

Für 6 Personen
45 Minuten

Für den Knipp:
100 g Graupen
Salz
400 g Schweinenacken
150 g durchwachsener Speck
150 g Kalbsleber
1 Zwiebel
6 Zweige Majoran (wahlweise 1 TL getrockneter Majoran)
20 g Ingwer
1 Prise Muskatnuss, gemahlen
1 Msp. gemahlener Piment
1 Msp. gemahlener Koriander
Pfeffer

Für das Kürbisgemüse:
400 g Hokkaidokürbis
2 Schalotten
50 ml Weißweinessig
50 ml Apfelsaft
50 g Zucker
1 TL Senfsaat
Salz

Außerdem:
2 EL Öl
20 g Butter
6 Eier (M)
6 Gewürzgurken

Die Graupen in Salzwasser 30 Min. kochen. Für das Kürbisgemüse den Kürbis ungeschält fein würfeln. Schalotten mit 100 ml Wasser, Essig, Apfelsaft, Zucker, Senfsaat und einer Prise Salz aufkochen. 1 Min. kochen. Kürbis zugeben und unter Rühren 15 Min. kochen. Abkühlen lassen.

Die gegarten Graupen abgießen und kalt abspülen. Abtropfen lassen. Schweinenacken, Speck und Leber einmal durch die mittlere Scheibe des Fleischwolfs drehen (das macht sicher auch gerne Ihr Metzger für Sie). Die Graupen in der Küchenmaschine kurz grob hacken (oder, so vorhanden, auch durch den Wolf drehen). Die Zwiebel fein würfeln und mit den Graupen zum Hack geben. Majoran fein schneiden, Ingwer schälen und fein reiben. Ebenfalls zum Hack geben und mit Muskat, Piment und Koriander würzen. Salzen, pfeffern und alles zu einer Hackmasse verkneten.

Das Öl in einer großen beschichteten Pfanne erhitzen, die Hackmasse hineingeben und anbraten, dann goldbraun und krümelig braten. In einer zweiten Pfanne die Butter zergehen lassen, die Eier hineinschlagen und bei geringer Hitze in 6–8 Min. zu Spiegeleiern braten. Knipp mit Spiegeleiern, Kürbisgemüse und Gewürzgurken servieren.

TIPP: Traditionell gibt es in Bremen auch noch süßes Apfelkompott oder Apfelmus dazu, was, alles in allem, eine Spitzenkombination ist! Das Rezept für Apfelkompott finden Sie auf S. 136.

REGENBOGENFORELLE
MAKRELE
NORDSEEKRABBEN
BACHFORELLE

SAIBLING
MIESMUSCHELN

Gewürzfeigen auf Ziegenfrischkäse-Landbrot

Feigen kommen ursprünglich aus Asien, dem Orient und vom Mittelmeer. Heute wachsen die süßen Früchte auch in Deutschland überall dort, wo das Klima mild ist und sich auch der Wein wohlfühlt: ganz besonders gut im Breisgau und in der Pfalz. In Portwein gebadet, gepfeffert und mit Thymian gewürzt, verschmelzen die geschmorten Feigen hier auf duftendem Landbrot mit frischem Ziegenkäse.

Für 4 Personen
20 Minuten

½ Bund Rauke
4 Feigen
1–2 Zweige junger Thymian oder Zitronenthymian
4 EL flüssiger Honig (Tannenhonig passt besonders gut)
100 ml roter Portwein
Salz
schwarzer Pfeffer aus der Mühle
4 Scheiben Landbrot
125 g Ziegenfrischkäse

Rauke putzen, waschen und trocken schleudern. Die Feigen kreuzförmig einschneiden und leicht auseinanderdrücken. Thymianblättchen von den Zweigen streifen. (Eventuell vorhandene Thymianblüten beiseitelegen.)

Honig mit Portwein und Thymian in einer Pfanne aufkochen und 1 Min. offen kochen. Feigen mit den Schnittflächen nach unten in die Pfanne geben und 1–2 Min. schwenkend schmoren. Einmal wenden und noch 1 Min. schmoren. Leicht salzen und pfeffern und beiseitestellen.

Die Brotscheiben mit Ziegenfrischkäse bestreichen. Die Feigen darauf anrichten und mit dem Sud aus der Pfanne beträufeln. Mit Rauke belegen und eventuell mit Thymianblüten bestreuen bzw. dekorieren. Sofort servieren.

TIPP: Wer keinen Ziegenfrischkäse mag, kann auch einfachen Frischkäse verwenden. Das Gericht schmeckt auch super mit Meerrettich-Frischkäse! Das Brot kann vor dem Bestreichen auch nach Belieben leicht angetoastet werden.

Kartoffel-Topinambur-Suppe mit Pfifferlingen, Apfel und Makrele

Im Norden wurde immer schon gerne Würziges mit Süßem kühn kombiniert. Hier treffen sich Kartoffeln und Topinambur-Wurzeln in einer rahmigen Suppe mit fruchtigem Apfel und Waldpilzen. Speck und Makrele bringen ein rauchiges Aroma mit, und alles zusammen ist zum Suppenteller Auskratzen gut!

Für 4 Personen
35 Minuten

80 g durchwachsener, magerer Speck
1 Zwiebel
300 g Kartoffeln
200 g Topinambur*
1 Apfel (z. B. Elstar)
2 EL Butterschmalz
200 ml Apfelsaft
600 ml Gemüsebrühe
150 g geräucherte Pfeffermakrele
200 g Pfifferlinge
2 EL Öl
1 EL Butter
Salz
200 ml Sahne
4 Zweige Estragon
schwarzer Pfeffer aus der Mühle
1–2 TL Apfelessig

Die Hälfte des Specks und die Zwiebel fein würfeln. Kartoffeln und Topinambur schälen und in grobe Stücke schneiden. Apfel ungeschält entkernen und eine Hälfte grob stückeln. Alles in einem Topf in Butterschmalz glasig dünsten. Mit Apfelsaft ablöschen und mit Brühe auffüllen. Offen 20 Min. kochen.

Den Backofen auf 50 °C erwärmen. Die Makrele auf ein mit Backpapier ausgelegtes Blech geben und zum Erwärmen in den Ofen schieben. Die Pfifferlinge putzen und mit einem trockenen Tuch abreiben, größere Pilze halbieren. Den übrigen Speck und den halben Apfel in Scheiben schneiden.

Das Öl in einer Pfanne erhitzen, den Speck darin knusprig braten. Pfifferlinge zugeben und 2–3 Min. braten. Apfelscheiben und Butter zugeben und durchschwenken. Mit Salz würzen.

Die Sahne zur Suppe geben und aufkochen. Estragon zugeben und die Suppe mit dem Stabmixer pürieren. Mit Salz, Pfeffer und Apfelessig abschmecken. Makrele aus dem Ofen nehmen, häuten, den grauen Tran entfernen, das Fischfleisch in grobe Stücke zupfen und mit der Pfifferling-Pfanne zur Suppe reichen.

***TOPINAMBUR**

Topinambur ist die süßlich-nussig schmeckende Wurzel einer Sonnenblumenart. Roh erinnern die Wurzeln geschmacklich an Artischocken, daher auch der ebenfalls gebräuchliche Handelsname Jerusalemartischocke. Sie stammt ursprünglich aus Mittel- und Nordamerika und war im Europa des 18. und 19. Jahrhunderts lange als wichtiges Nahrungsmittel verbreitet, bis sie zunehmend von der Kartoffel verdrängt wurde. Heute erfreut sich die knollige Wurzel, dank ihres außergewöhnlichen Geschmacks, wieder wachsender Beliebtheit.

»DA DRÜBEN MUSS
EIN HAUS SEIN,
DA BRENNT NOCH LICHT«

Krabbenbrot mit Rührei und Speck

Krabbenbrot geht im hohen Norden immer, das wissen nicht nur die Bremer Stadtmusikanten. Mittags. Abends. Oder zum Frühstück. Mit 'nem ordentlichen Pott schwarzem Kaffee. Danach kannst du Deiche verschieben. Oder Räuber verjagen.

Für 4 Personen
25 Minuten

8 Speckstreifen
2 EL Öl
8 Eier (M)
Salz
½ Bund Schnittlauch
4 Zweige Kerbel
4 Zweige Petersilie
40 g Butter
4 Scheiben Vollkornbrot
150 g Krabben*

Den Backofen auf 50 °C vorheizen. Die Speckstreifen in Öl knusprig braten und im Ofen auf einem mit Küchenpapier ausgelegten Teller warm halten.

Die Eier verquirlen (dabei sollen Eigelbe und Eiweiße noch gut getrennt zu erkennen sein), mit Salz würzen. Schnittlauch in Röllchen schneiden, Kerbel und Petersilie hacken und unterrühren.

20 g Butter in der Speck-Pfanne schmelzen, Rührei hineingeben und in 2–3 Min. stocken lassen. Das Ei dabei nur zärtlich schieben, nicht kräftig rühren. Brote mit 20 g Butter bestreichen. Rührei, Speck und Krabben darauf verteilen und sofort servieren.

***KRABBEN**

Echte Nordseekrabben sind eine Spezialität, das mühselige Pulen der kleinen Krabbenschwänzchen aus der Schale passiert immer öfter in fernen Billiglohnländern, Konservierungsstoffe machen's möglich. Von Hand gepulte frische Krabben schmecken wesentlich besser, nussig und saftig, sie sind aber selbst im Norden selten geworden. Frische Krabben gibt es noch auf Sylt (z. B. Hafen Hörnum), in Büsum, Husum, St. Peter-Ording … und auf dem Hamburger Isemarkt (Dienstag und Freitag, 8–14 Uhr, U-Bahnhof Hoheluftbrücke).

Frikadelle von zweierlei Forelle mit Gurkensalat-Zweierlei

Ein wenig Räucherforellenfilet bringt eine raffinierte Würze in die fluffig-lockeren Lachsforellen-Frikadellen, dazu passt der Gurkensalat aus knackig frischen Gurken, die mit eingelegten Gewürzgurken kombiniert werden.

Für 4 Personen
45 Minuten

Für den Gurkensalat:
400 g Bio-Salatgurke
Salz
4 EL Olivenöl
4 Zweige Dill
2 Gewürzgurken
1–2 EL Gurkenessig (wahlweise Weißweinessig)
1 Prise Zucker

Für die Fischfrikadellen:
50 ml Vollmilch
150 g Weißbrot
250 g Lachsforellenfilet (küchenfertig, entgrätet)
150 g geräuchertes Forellenfilet
1 Ei (M)
1 Schalotte
4 Zweige Petersilie
1–2 Zweige Estragon
40 g Mayonnaise (selbst gemacht s. S. 148)
Salz
Pfeffer aus der Mühle
5 EL Sonnenblumenöl

Die Salatgurke in dünne Scheiben schneiden, kräftig salzen und beiseitestellen. 20–30 Min. ziehen lassen (in dieser Zeit die Frikadellen zubereiten). Die durchgezogenen Gurken ganz leicht ausdrücken und trocknen und in einer Schüssel mit Olivenöl vermengen. Den Dill fein schneiden und untermengen. Die Gewürzgurken in feine Scheiben schneiden und untermengen. Den Salat mit Essig, Salz und Zucker abschmecken.

Für die Fischfrikadellen die Milch in einem Topf erwärmen. Das Weißbrot fein würfeln und mit warmer Milch begießen. Abkühlen lassen. Lachsforelle und Räucherforelle fein hacken und mit dem Ei zum Brot geben. Die Schalotte schälen, fein würfeln und zugeben. Petersilie und Estragon fein hacken und mit der Mayonnaise zum Fisch geben. Mit Salz und Pfeffer würzen und rasch durchkneten. Aus der Masse vier Frikadellen formen, und diese in einer heißen Pfanne in Öl bei mittlerer Hitze 10–12 Min. braten, dabei zweimal vorsichtig (die Frikadellen sind sehr locker) mit einem Pfannenwender wenden.

TIPP: Dazu passt ein kurzer Wacholderschnaps.

VARIANTE: Würzen Sie die Frikadellen zusätzlich noch mit 1 TL geriebenem Meerrettich oder mittelscharfem Senf.

Angemachter Backsteinkäse mit Lauch und Birnen-Zwiebel-Vinaigrette

Der Limburger Käse kommt ursprünglich aus Belgien und duftet mit zunehmendem Alter immer, äh, aromatischer. Wegen seiner ziegelsteinartigen Form wird er auch Backsteinkäse genannt. Er wird gerne mit Essig und Öl angemacht und ist mit Lauch und süßer Birne kombiniert ein wunderbares Abendessen zu gutem Brot.

Für 4–6 Personen
20 Minuten

100 g junger Lauch
Salz
4 EL Apfelsaft
3–4 EL Apfelessig (wahlweise Obst- oder Weißweinessig)
2 EL trockener Apfel-Cider (oder Weißwein)
1 EL Honig
4 EL Sonnenblumenöl
4 EL Olivenöl
Pfeffer aus der Mühle
1 Birne (z. B. Abate)
1 rote Zwiebel
einige Zweige Petersilie, Kerbel und Estragon (s. Tipp)
2 Limburger à 200 g

Den Lauch fein schneiden, gründlich waschen und in kochendem Salzwasser 2 Min. kochen. Kalt abschrecken und abtropfen lassen. Aus Apfelsaft, Essig, Wein, Honig und Öl eine Vinaigrette anrühren. Mit Salz und Pfeffer würzen. Birne schälen, fein würfeln und mit dem Lauch unterrühren.

Die Zwiebel schälen, halbieren und in feine Scheiben schneiden. Kräuter hacken und mit der Zwiebel unter die Vinaigrette mengen. Käse in Scheiben schneiden und auf Tellern oder einer Platte anrichten. Mit der Vinaigrette beträufeln und zu gutem Brot servieren.

TIPP: Der Käse lässt sich gut vorbereiten und schmeckt am besten, wenn man ihn mit Frischhaltefolie bedeckt bei Zimmertemperatur ein, zwei Stündchen durchziehen lässt. Servieren Sie den marinierten Käse auch mal mit warmen Pellkartoffeln!

VARIANTEN: Statt mit Birne schmeckt die Vinaigrette auch mit Apfel. Die Kräuter lassen sich nach Geschmack und Marktangebot variieren. Sehr gut passen auch feine Gewürzgurkenwürfel in die Vinaigrette oder Kapern bzw. Kapernäpfel. Etwas frisch geriebener Meerrettich, über den marinierten Käse gestreut, sorgt für zusätzliche Würze.

Mit Aquavit gebeizter Kräuter-Saibling mit Roter Bete

Frisch gebeizter Saibling ist über Nacht hergestellt, dazu passt perfekt die schnell eingelegte Rote Bete, die als knackiger »Salat« dazu serviert wird.

Für 4 Personen
35 Minuten plus
24 Stunden zum Beizen

Für den Saibling:

2 Saiblingsfilets à ca. 220–250 g (auf der Haut, entgrätet; beim Fischhändler vorbestellen)
1 EL Aquavit (wahlweise Gin)
20 g Salz
30 g Zucker
Abrieb von ½ Bio-Orange
Abrieb von ½ Bio-Zitrone

Für die Rote Bete:

2 rote Zwiebeln
125 g Zucker
15 g Salz
175 ml Weißweinessig
3 Zweige Dill
1 TL Kümmelsaat
1 TL Senfsaat
3–4 mittlere Rote-Bete-Knollen
2–3 EL Sonnenblumenöl

Anderntags:

1 Bund Dill
Pfeffer aus der Mühle
4 Scheiben Gersterbrot*
Butter

Für den gebeizten Saibling die Fischfilets waschen und trocken tupfen. Die Fleischseite mit Aquavit einreiben. Salz mit Zucker mischen. Orangen- und Zitronenabrieb unter das Salz-Zucker-Gemisch rühren und auf der Lachsseite verteilen. Zugedeckt im Kühlschrank 24 Stdn. beizen.

Für die schnell eingelegte Rote Bete die Zwiebeln schälen und fein schneiden. Zucker mit Salz, Weißweinessig, 350 ml Wasser, Dill, den Zwiebeln und Gewürzen aufkochen. Vom Herd nehmen und 10 Min. ziehen lassen. Rote-Bete-Knollen schälen und sehr fein hobeln. Den Sud durch ein Sieb passieren, nochmals aufkochen und über die gehobelten Beten gießen. Auskühlen und dabei durchziehen lassen. Sonnenblumenöl unterrühren und eventuell nochmals mit Salz abschmecken.

Den gebeizten Saibling anderntags kalt abspülen. Dill fein hacken und auf der Fleischseite verteilen, leicht andrücken, pfeffern. Filets mit einem scharfen, flexiblen Messer in feine Scheiben schneiden und auf gebuttertem Brot servieren.

*GERSTERBROT

Gersterbrot ist ein besonders würziges Sauerteig-Roggenmischbrot, das sich insbesondere in Niedersachsen, Bremen und Hessen größter Beliebtheit erfreut.

RÖSTI SELBST GEMACHT

Der gebeizte Saibling schmeckt auch sehr gut zu Rösti.

Ca. 300 g sehr große, vorwiegend festkochende Kartoffeln fein raspeln, 1 Msp. Natron untermengen und leicht mit Pfeffer würzen. 4 EL Sonnenblumenöl in einer großen beschichteten Pfanne erhitzen. Die Röstimasse trocken ausdrücken und in acht Portionen in die Pfanne geben. Leicht flach drücken, und die Rösti bei mittlerer Hitze von jeder Seite in 4 Min. knusprig braten. Auf Küchenpapier abtropfen lassen und mit Salz abschmecken.

Heringssülze mit Bratkartoffeln und Mixed-Pickles-Remoulade

Wenn's mal wieder länger geht auf der Party, hilft dieses Gericht anderntags wieder zurück ins Leben.

Für 4–6 Personen
45 Minuten (s. Tipp)

Für die Sülze:
12 Blatt Gelatine
800 ml Fischfond aus dem Glas
1 EL Zucker
1–2 EL Weißweinessig
1 EL Senfsaat
50 ml Essiggurkenwasser
Salz
4 Schalotten
2 Äpfel (z. B. Elstar)
3 Essiggurken
½ Bund Schnittlauch
1 Bund Dill
½ Bund Petersilie
12 Rollmöpse

Für die Remoulade:
4 Eier (M)
1 Spritzer Weißweinessig
1 Glas Mixed Pickles (425 g)
8 EL Mayonnaise
1 EL mittelscharfer Senf
½ Bund Schnittlauch
Salz, Cayennepfeffer

Für die Bratkartoffeln:
600 g festkochende Kartoffeln
2 kleine rote Zwiebeln
30 g Butterschmalz
20 g Butter
½ Bund Petersilie
2 Frühlingszwiebeln
Salz
Pfeffer
½ TL Paprikapulver, edelsüß

Für die Heringssülze die Gelatine in kaltem Wasser einweichen. Den Fischfond mit Zucker, Essig, Senfsaat und Essiggurkenwasser aufkochen. Mit Salz würzen. Die Gelatine gut ausdrücken und im Sud auflösen. Beiseitestellen.

Inzwischen die Schalotten schälen, fein würfeln und in den heißen Sud rühren. Äpfel schälen, fein würfeln und unterrühren. Essiggurken fein würfeln und unterrühren. Den Sud komplett erkalten lassen. Schnittlauch in Röllchen schneiden, Dill und Petersilie hacken, und die Kräuter unterrühren.

Die Rollmöpse von den Holzspießen befreien und nebeneinander in eine Kastenform setzen. Mit dem Sud begießen. Zugedeckt im Kühlschrank mind. 6 Stdn., am besten über Nacht, gelieren lassen. Zum Servieren die Sülze stürzen und in Stücke geschnitten servieren.

Für die Mixed-Pickles-Remoulade die Eier 10 Min. in Wasser mit einem Spritzer Essig kochen. Kalt abschrecken. Inzwischen die Mixed Pickles abgießen (Sud auffangen) und grob hacken oder schneiden. Aus Mayonnaise, Senf und 1 EL vom Mixed-Pickles-Sud eine Sauce rühren. Mixed Pickles zugeben. Eier pellen, hacken und unterrühren. Schnittlauch in Röllchen schneiden und unterrühren. Mit Salz und einem Hauch Cayennepfeffer abschmecken.

Die Kartoffeln, am besten schon am Vortag, mit Schale in Salzwasser mit Biss kochen, das dauert je nach Größe 20–30 Min. Abgießen und auskühlen lassen. Die Kartoffeln pellen und in Scheiben schneiden. Die roten Zwiebeln halbieren, schälen und in feine Spalten schneiden. Butterschmalz in einer großen beschichteten Pfanne erhitzen, die Kartoffeln hineingeben und 3–4 Min. anbraten, dann erst die Scheiben ein erstes Mal wenden!

Die Zwiebeln zugeben. Die Hitze auf mittlere Stufe reduzieren. Die Butter zugeben, und die Kartoffeln unter gelegentlichem Wenden weitere 10–15 Min. braten. Petersilie hacken, Frühlingszwiebeln in Scheiben schneiden. Beides unter die Kartoffeln mengen und noch 1 Min. weiterbraten. Mit Salz, Pfeffer und Paprikapulver würzen und sofort servieren.

TIPP: Das Gelieren der Sülze (mind. 6 Stdn.) und das Kochen und Auskühlen der Kartoffeln (ca. 1 Std.) sind auch am Vortag möglich.

HÄNSEL & GRETEL

Ofenschmaus

Am Rande eines großen Waldes wohnte einmal ein armer Holzhacker mit seiner zweiten Frau und seinen beiden Kindern, der Junge hieß Hänsel und das Mädchen Gretel. Sie hatten wenig zum Essen und Leben, und als wieder einmal eine große Steuererhöhung anstand, konnte der Vater nicht mal mehr für das tägliche Brot aufkommen.

Abends im Bett wälzte er sich vor Sorgen umher und seufzte: »Frau, was soll nur aus uns werden? Wie können wir nur unsere Kinder ernähren, wenn wir selbst nichts mehr haben?« »Weißt du was«, antwortete seine Frau, »lass uns doch morgen früh die Kinder hinaus in den dichten Wald führen, da machen wir ihnen ein Feuer und geben jedem Kind ein Stück Brot, dann gehen wir zur Arbeit und lassen sie alleine. Sie müssen lernen, selbst zurechtzukommen!« Schließlich überredete sie ihren Mann, obwohl dieser großes Mitleid mit seinen Kindern hatte.

Die zwei Kinder aber, vor Hunger nicht schlafend, hatten alles gehört, und Gretel weinte sehr. Hänsel beruhigte sie: »Mach dir nichts draus, ich lass mir was einfallen!« Als die Eltern eingeschlafen waren, schlich Hänsel hinunter und öffnete die Haustür. Die weißen Kiesel vor dem Haus glänzten im hellen Mondlicht wie Edelsteine. Hänsel steckte so viele Steinchen wie möglich in seine Hosentaschen. Dann ging er wieder hinein. Noch vor Sonnenaufgang weckte die Stiefmutter die Kinder: »Aufstehen, ihr Faulenzer, wir wollen in den Wald gehen und Feuerholz sammeln! Hier habt ihr jeder ein Stück Brot, mehr gibt's nicht!« Gretel steckte das Brot für beide ein, dann machten sich alle auf den Weg in den Wald.

Während sie gingen, schaute sich Hänsel immer wieder nach dem Haus um, das fiel dem Vater auf: »Was trödelst du denn so, vergiss das Laufen nicht!«

»Ach, Vater, ich sehe nach meinem weißen Kätzchen, das oben auf dem Dach sitzt und sich von mir verabschieden will.«

Die Mutter unterbrach rüde: »Depp! Das ist die Morgensonne, die hinter dem Schornstein aufgeht.« In Wirklichkeit hatte Hänsel aber nicht nach seiner Katze gesehen, sondern war jedes Mal stehen geblieben, um einen der weißen Kieselsteine auf den Weg fallen zu lassen.

Tief im Wald angekommen, gab der Vater Anweisungen: »So, sammelt Holz, Kinder, ich mache ein Feuer, damit ihr nicht friert!« Hänsel und Gretel sammelten Äste und Zweige, die sie zu einem Berg türmten, der Vater zündete das Reisig an, schnell schlugen knisternd hohe Flammen, und die Mutter säuselte: »Legt euch ans Feuer und ruht euch aus, Kinder, der Vater und ich, wir gehen Holz hacken im Wald und kommen euch abholen, wenn wir fertig sind.«

Hänsel und Gretel blieben am Feuer zurück, mittags aßen sie die Brote und lauschten den sich langsam entfernenden Axtschlägen des Vaters im Wald. Irgendwann fielen den Kindern vor Müdigkeit die Augen zu. Als sie erwachten, war es mitten in der Nacht. Gretel begann zu weinen: »Wie sollen wir nur aus dem Wald herauskommen?« Hänsel tröstete seine Schwester: »Warte noch ein Weilchen, bis der Mond ganz aufgegangen ist, dann finden wir den Weg!«

Als der Mond über dem Wald stand, nahm Hänsel seine Schwester an der Hand und sie gingen den weißen Kieseln nach, die wie Edelsteine leuchteten und ihnen den Weg wiesen.

Die ganze Nacht liefen sie und erreichten erst am frühen Morgen das Haus des Vaters. Sie klopften an die Tür und als die Stiefmutter öffnete und die Kinder sah, schimpfte sie scheinheilig: »Ihr bösen Kinder, wieso habt ihr denn so lange im Wald geschlafen, wir dachten, ihr wollt gar nicht mehr nach Hause kommen!« Der Vater hingegen freute sich einfach, denn es war ihm zu Herzen gegangen, dass er die Kinder alleine zurückgelassen hatte. Bald aber fehlte es wieder an allen Ecken, und die Kinder hörten, wie die Stiefmutter nachts den Vater drängte: »Wir haben grade mal noch ein halbes Brot, dann ist aber Schluss mit lustig. Die Kinder müssen weg. Tiefer in den Wald diesmal, damit sie den Weg zurück keinesfalls finden werden.« Dem Vater fiel es schwer, den Ausführungen seiner Frau zu folgen, er schlug vor, doch besser den letzten Bissen Brot mit den Kindern zu teilen. Doch die Frau hörte nicht auf ihn, schimpfte und machte ihm Vorwürfe. Wer A sagt, muss auch B sagen, argumentierte sie, und die Kinder saßen in ihren Betten und hörten alles mit an. Erneut stand Hänsel auf und schlich nach unten, um Kieselsteine zu sammeln – doch die Stiefmutter hatte die Haustür abgeschlossen.

Am frühen Morgen wurden die Kinder von der Stiefmutter geweckt und erhielten jedes ein Stück Brot, das noch kleiner war als beim letzten Mal. Auf dem Weg in den Wald zerbröselte Hänsel die Brotstücke in seiner Tasche und blieb immer wieder stehen, um ein Bröckchen Brot auf den Weg fallen zu lassen. »Nach was schaust du dich denn dauernd um, trödel nicht, Hänsel«, ermahnte ihn der Vater. »Ich sehe mich nach meinem Täubchen um, das sitzt auf dem Dach und will sich von mir verabschieden.« »Depp!«, schimpfte die Stiefmutter: »Das ist nicht dein Täubchen, sondern die Morgensonne, die hinter dem Schornstein aufgeht!«

Hänsel aber warf unbeirrt Brotkrumen auf den Weg. Die Stiefmutter führte die Kinder immer tiefer in den Wald, wo sie noch nie zuvor gewesen waren, und es wurde wieder ein großes Feuer gemacht. »Bleibt ihr hier schön sitzen, Kinder, wenn ihr müde werdet, könnt ihr ja ein wenig schlafen. Wir gehen in den Wald zum Holzhacken, und wenn wir fertig sind, kommen wir euch abholen.«

Mittags teilte Gretel ihr Brot mit dem Bruder, der seines auf den Weg gestreut hatte. Dann schliefen sie ein und der Abend verging, ohne dass die Eltern zurückkehrten. Sie erwachten erst mitten in dunkler Nacht, und Hänsel musste sein Schwesterchen trösten: »Keine Sorge, wenn der Mond aufgeht, sehen wir die Brotkrümel, die ich gestreut habe, die zeigen uns den Weg nach Hause, Gretel!« Als der Mond den Wald erhellte, gingen sie los, fanden aber keinen einzigen Brotkrümel mehr, denn die vielen Vögel aus Wald und Feld hatten alles weggepickt. »Wir werden den Weg schon finden«, sagte Hänsel mit fester Stimme, doch sie fanden den Weg nicht. Sie liefen die ganze Nacht im Wald herum und auch noch den ganzen nächsten Tag, aber sie kamen nicht aus dem Wald heraus und wurden immer hungriger, denn sie fanden nichts außer ein paar Blaubeeren. Irgendwann waren sie so müde, dass sie unter einem Baum einschliefen.

Es war der Mittag des dritten Tages, als sie ein schönes, schneeweißes Vögelchen auf einem Ast sitzen sahen, das sang so kunstvoll, dass sie stehen blieben und ihm zuhörten. Nachdem das Vöglein seinen Sangesvortrag beendet hatte, schwang es die Flügel und flog vor den beiden her, und Hänsel und Gretel folgten dem Vogel, bis sie an ein Häuschen gelangten, auf dessen Giebel der Vogel sich niederließ. Als die Kinder näher kamen, sahen sie, dass das Häuschen aus duftendem Brot gebacken und mit würzigsüßem Lebkuchen bedeckt war. Die Fenster waren aus hellem Zuckerkaramell. »Na dann mal los«, lachte Hänsel: »Ich ess ein Stückchen vom Dach, Gretel, probier du doch die süßen Fenster!« Hänsel hangelte sich aufs Dach und brach ein Stückchen wolkenweiches Brioche-Brot ab, Gretel knusperte an einer der süßen Scheiben, die im Mund zergingen wie Honig.

Plötzlich hörten sie eine feine Stimme aus dem Haus rufen:

»Knusper, knusper, Knäuschen,
wer knuspert an meinem
Häuschen?«
Die Kinder antworteten schnell:
»Der Wind, der Wind, das
himmlische Kind.«

Sie aßen weiter, ohne sich irremachen zu lassen. Hänsel, dem das Dach sehr gut schmeckte, riss sich ein großes Stück ab, und Gretel zersplitterte eine ganze Fensterscheibe und knabberte die süßen Stückchen. Da öffnete sich plötzlich die Haustür. Eine steinalte Frau trat langsam heraus, auf Krücken gestützt. Hänsel und Gretel fiel vor Schreck das Essen aus den Händen. Die Alte aber wackelte gutmütig mit dem Kopf und sprach: »Ei, ihr lieben Kinder! Wer hat euch denn hierhergebracht? Na, kommt erst einmal rein und bleibt bei mir, hier seid ihr sicher!« Sie nahm die Kinder bei der Hand, führte sie ins Haus und deckte den Tisch mit zwei Gläsern kalter Milch und duftend warmen Pfannkuchen, die wie goldgelbe Kissen aussahen, üppig bestreut mit Zucker und Zimt und serviert mit stückigem Apfelkompott. Die beiden Gästebetten im Haus wurden frisch bezogen, Hänsel und Gretel legten sich wohlig hinein in die weißen Laken und dachten, sie seien im Himmel.

Doch die Alte hatte nur so freundlich getan, in Wirklichkeit war sie eine böse Hexe, die das knusprige Brothäuschen nur gebaut hatte, um Kinder anzulocken. Am frühen Morgen des nächsten Tages stand sie auf, betrachtete die schlafenden Kinder und murmelte: »Die hab ich wohl zum Fressen gerne!« Mit ihren dürren Händen packte sie Hänsel, schleppte ihn in einen kleinen Stall und sperrte ihn dort hinter einer Gittertür ein. Dann rüttelte sie Gretel wach und schrie: »Aufstehen, Faulenzerin, hol Wasser, und koch deinem Bruder was Gutes, der sitzt draußen im Stall und soll fett werden. Wenn er schön fett geworden ist, will ich ihn verschlingen!« Gretel weinte bitterlich, doch es half nicht, sie musste tun, was die böse Hexe verlangte. Hänsel wurden die köstlichsten Speisen serviert, Gretel bekam nur Krebsschalen zu knabbern.

Jeden Morgen schlich die Alte zum Stall und rief: »Hänsel, streck deinen Finger heraus, damit ich fühlen kann, ob du bald fett bist!« Hänsel aber streckte ihr einen Hühnerknochen entgegen und die Alte, die trübe Augen hatte, dachte, es wäre Hänsels Finger und wunderte sich, dass Hänsel trotz bester Kost scheinbar nicht fetter werden wollte.

Als Hänsel auch nach vier Wochen nicht dick geworden war, wurde die Alte ungeduldig und wollte nicht länger warten. »Gretel«, rief sie streng, »hol schnell Wasser und setz den großen Topf aufs Feuer, morgen will ich Hänsel kochen, egal ob mager oder fett!« Gretel flossen die Tränen über die Wangen, während sie Wasser holte, und sie weinte sehr. Die Hexe aber zeigte sich unbeeindruckt: »Spar dir die Heulerei! Es hilft ja nichts!«

Anderntags musste Gretel am frühen Morgen den Wasserkessel über das Feuer hängen, während die Alte den Backofen vorheizte: »Erst wollen wir backen, ich habe schon Teig geknetet!« Flammen schlugen aus dem Backsteinofen, und die Alte sagte: »Kriech hinein, Gretel, und sieh nach, ob der Ofen schon heiß genug ist, damit wir das Brot hineinschieben können.« Sobald Gretel in den Ofen gekrochen war, wollte die Hexe die Ofentür schließen und Gretel im Ofen braten! Aber Gretel durchschaute den bösen Plan und stellte sich dumm: »Wie soll ich denn da reinkommen?«

»Dumme Gans«, schimpfte die Hexe kopfschüttelnd. »Guck, die Öffnung ist doch groß genug, da pass ja sogar ich rein«, rief sie, näherte sich der Ofenklappe und steckte den Kopf hinein. Da gab ihr Gretel von hinten einen Schubs.

Die Hexe verlor das Gleichgewicht und stürzte in den Ofen, Gretel schloss schnell die eiserne Tür und verriegelte den Ofen. Hui!

Drinnen fing die Hexe ganz greulich an zu heulen und verstummte dann, Gretel lief fort zum Stall, öffnete die Gittertür und rief: »Hänsel, wir sind frei, die Hexe ist tot!« Hänsel sprang aus dem Stall, wie ein Vogel, den man aus einem Käfig befreit hatte, sie fielen sich in die Arme, sprangen herum und küssten sich vor Freude.

Im Haus der toten Hexe fanden sie in allen Ecken Kästen voller Perlen und Edelsteine. »Viel besser als Kieselsteine«, lachte Hänsel und machte sich die Taschen voll, und auch Gretel füllte sich die Schürze: »Ich will auch etwas mit nach Hause bringen!«

»Lass uns zusehen, dass wir aus dem Hexenwald verschwinden«, mahnte Hänsel, und nachdem sie ein paar Stunden gegangen waren, erreichten sie einen großen See, ohne Steg und Brücke. »Hier fährt kein Schiff«, sagte Gretel und zeigte übers Wasser. »Aber schau, da drüben, die weiße Ente! Vielleicht hilft sie uns!« Gretel formte ihre Hände vor dem Mund zu einem Trichter und rief:

»Entchen, Entchen, hier sind
Gretel und Hänschen! Kein Steg
und keine Brücken, nimm uns
mit auf deinem Rücken!«

Die Ente kam herbeigeschwommen, Hänsel kletterte zuerst auf den Rücken des Vogels und reichte dann seiner Schwester die Hand. Als Hänsel und Gretel am gegenüberliegenden Ufer ihre Wanderung fortsetzten, kam ihnen der Wald immer vertrauter vor, und plötzlich sahen sie in der Ferne das Haus des Vaters! Sie rannten los, stürzten in den Hausflur und fielen dem Vater um den Hals, der keine frohe Stunde mehr gehabt hatte, seit er seine Kinder im Wald gelassen hatte. Die Stiefmutter war inzwischen gestorben. Sie nahmen einander fest in den Arm, dann schüttelte Gretel ihre Schürze aus, Perlen und Diamanten kullerten über den Boden, und Hänsel warf händeweise Edelsteine aus seinen Taschen in die Luft. Jetzt hatten alle Sorgen ein Ende, sie lebten zusammen ein schönes Leben voller Freude, und ihr Tisch war immer reich gedeckt, mit allen Köstlichkeiten, die man sich nur vorstellen kann!

Bunte Tomaten aus dem Ofen

Gute Tomaten brauchen nicht viel. Ein bisschen Olivenöl, einen Hauch Knoblauch, frischen Thymian, Honig und ein knappes Viertelstündchen im Ofen. Das ist keine Hexerei. Und mit ein bisschen warmem Ziegenkäse und Rauchmandeln dazu wird's gar märchenhaft!

Für 4 Personen
25 Minuten

600 g gemischte Tomaten (s. S. 18 f.)
2–3 TL flüssiger Honig
Salz
2–4 Crottin de Chavignol* à ca. 80 g
1 Knoblauchzehe
6 EL Olivenöl
3–4 Zweige junger Thymian oder Zitronenthymian
schwarzer Pfeffer aus der Mühle
1–2 EL Rauchmandeln

Den Backofen auf 220 °C vorheizen. Die Tomaten waschen und bis auf die Kirschtomaten halbieren, die Schnittflächen mit Honig beträufeln und mit Salz würzen. Den Ziegenkäse ebenfalls halbieren. Mit den Tomaten in eine feuerfeste Form setzen, alle Schnittflächen sollten nach oben zeigen.

Den Knoblauch schälen, fein würfeln und mit dem Olivenöl verrühren. Thymianblättchen von den Zweigen streifen und ins Öl geben. Das Öl über die Tomaten und den Käse träufeln. Das Gericht pfeffern und im heißen Ofen auf der untersten Schiene 10–12 Min. garen.

Inzwischen die Rauchmandeln grob hacken und vor dem Servieren über das Gericht streuen. Sofort servieren. Dazu passt Bauernbrot.

***CROTTIN DE CHAVIGNOL**

Der französische Ziegenkäse in praktischer Portionsgröße ist feinwürzig und nussig im Geschmack. Seine kompakte, aber essbare Rinde umhüllt schützend das Innere des Käses, der Crottin ist darum perfekt zum Gratinieren im Ofen geeignet. In Deutschland findet man ihn in beinah jedem Käseladen, auf Wochenmärkten mit Käseständen und in vielen Supermärkten.

Allerlei Beten aus dem Ofen mit Birne und Fenchel

Die auf Salz gegarten Beten behalten in diesem Salat ihren vollen Geschmack, köstlich kombiniert mit saftigen Birnen, Fenchel und Wildkräutern mit Frischkäse. Schmeckt besonders gut, wenn im Herbst die ersten bunt gefärbten Blätter aufs Dach des Hexenhäuschens segeln.

Für 4 Personen
2 Stunden plus 1 ½ Stunden zum Garen der Beten (auch am Vortag möglich)

600 g grobes Meersalz (s. Tipp)
800 g Bunte Beten nach Angebot (s. S. 112 f.)
3 EL Öl
4 EL Birnensaft
2 EL Weißwein
2 EL Apfelessig
1–2 TL Feigensenf (wahlweise ein anderer fruchtig-pikanter Senf)
4 EL Olivenöl
Salz
80 g Fenchelknolle mit Grün
1 kleine Birne
80 g Wildkräuter (z. B. Vogelmiere, Giersch und Bachkresse)
120 g Frischkäse

Den Backofen auf 200 °C vorheizen. Meersalz auf einem mit Backpapier ausgelegten Blech verteilen. Die Beten mit Öl einreiben und auf das Salz setzen. Je nach Größe 1–1 ½ Stdn. garen. Fährt ein Schaschlik-Spieß ohne Mühe durch die Beten, sind sie gar.

Aus Birnensaft, Weißwein, Apfelessig, Feigensenf und Olivenöl eine Vinaigrette anrühren, mit Salz würzen. Fenchelgrün von der Knolle schneiden, fein hacken und unterrühren. Fenchel fein hobeln oder schneiden und mit der Vinaigrette mischen. Birne waschen und in Scheiben schneiden, ebenfalls unter den Salat mischen. Wildkräuter mundfein zupfen, waschen und trocken schleudern.

Die Beten aus dem Ofen etwas abkühlen lassen, schälen und lauwarm in Scheiben schneiden. Die Scheiben auf Tellern oder einer Servierplatte dachziegelartig anrichten und salzen. Birnen-Fenchelsalat abtropfen lassen und darauf anrichten. Frischkäse in Flöckchen auf der Bete verteilen. Mit den Wildkräutern toppen und mit der übrigen Vinaigrette beträufeln. Dazu passen Pellkartoffeln oder Bauernbrot.

TIPP: Das abgekühlte Meersalz lässt sich nach dem Gebrauch gut aufbewahren und kann mehrfach verwendet werden, auch für das Lamm im Salzteig (s. S. 194).

VARIANTEN: Statt der Wildkräuter passt auch Feldsalat sehr gut. Wunderbar eignen sich auch Ziegenfrischkäse oder ein milder Blauschimmelkäse anstelle des Frischkäses.

Cassoulet

Zwei Tage dauert die Zubereitung dieses Gerichts, und doch lohnt jede Minute Wartezeit auf den großen Eintopf aus Südfrankreich, der sich auch in kleineren Hexenöfen ganz von selbst bäckt. Die vortags butterzart confierte Schweineschulter vermählt sich mit weißen Bohnen, Speck und Würsten unter einer feinen Bröselkruste – zu Tisch, am besten im Winter, mit vielen Gästen und gutem Rotwein.

Für 8 Personen
6 Stunden plus gut
4 Stunden am Vortag

Am Vortag:

- 500 g getrocknete weiße Bohnen
- 1 ½ kg Schweinekeulenstück mit Knochen (ohne Schwarte)
- Meersalz
- ca. 1–1 ½ l Sonnenblumenöl
- 3 Knoblauchzehen
- 1 TL Fenchelsaat
- 2 Sternanis
- 6 Wacholderbeeren
- 1 TL schwarzer Pfeffer
- 1 TL getrocknetes Bohnenkraut
- 6 Zweige Zitronenthymian

Anderntags:

- 250 g Möhren
- 6 getrocknete Tomaten
- 250 g Kirschtomaten
- 100 g Backpflaumen
- 2 Gemüsezwiebeln
- 6 Knoblauchzehen
- 15 g getrocknete Steinpilze
- 400 g Bauchspeck (ohne Schwarte)
- 8 grobe Bratwürste
- 3 Lorbeerblätter
- 6 Zweige Thymian
- 400 ml Weißwein
- Salz, Pfeffer
- 100 g Butter
- 150 g Semmelbrösel
- 6 Zweige Petersilie

Am Vortag die Bohnen in kaltem Wasser einweichen. Den Backofen auf 100 °C vorheizen. Die Schweinekeule mit Meersalz einreiben und in einen kleinen ofenfesten Topf geben. So viel Öl zugeben, dass das Fleisch zwei Fingerbreit bedeckt im Öl schwimmt. Kräuter und Gewürze zugeben. Auf einem Gitter 4 Stdn. im Ofen garen. Herausnehmen und am besten über Nacht komplett erkalten lassen.

Anderntags die Bohnen in dem Weichwasser in einen großen Topf geben und ohne Salz 1 ½ Stdn. garen. Das Fett von der confierten Schweineschulter entfernen, das unten im Topf entstandene Fleischsaft-Gelee durch ein Sieb passieren, beiseitestellen.

Die Möhren schälen, längs halbieren und vierteln. Die getrockneten Tomaten fein würfeln. Die Kirschtomaten waschen, die Strünke herausschneiden. Backpflaumen halbieren. Die Gemüsezwiebeln schälen, grob würfeln. Den Knoblauch andrücken, schälen und würfeln. Getrocknete Steinpilze hacken. Bauchspeck in acht Stücke schneiden. 2 EL vom Schweinefett in einem Bräter erhitzen, die Würste mit dem Bauchspeck darin anbraten. Herausnehmen, die Würste dritteln.

Die vorbereiteten Gemüse, getrockneten Tomaten, Backpflaumen, Lorbeerblätter, Thymianzweige und getrockneten Steinpilze zugeben und 2 Min. anschwitzen. Mit Weißwein ablöschen. 5 Min. offen kochen. Die Schweineschulter vom Knochen lösen, das Fleisch sehr grob würfeln und mit den Würsten und dem Bauchspeck zum Gemüse geben. Die Bohnen abgießen und unterrühren.

Den Backofen auf 100 °C vorheizen. Das Fleischsaft-Gelee zugießen und mit Wasser auffüllen, sodass das Gericht mit Flüssigkeit bedeckt ist. Mit Salz und Pfeffer würzen. 4 ½ Stdn. im Ofen garen. Dabei immer wieder umrühren.

Butter schmelzen und mit den Bröseln mischen. Petersilie hacken und untermischen. Mit Salz würzen. Die Brösel auf dem gegarten Eintopf verteilen, den Grill zuschalten und das Cassoulet goldbraun werden lassen (dabeibleiben, das geht schnell!). Aus dem Ofen nehmen, noch 10 Min. ruhen lassen, dann servieren.

HUHN
GANS

WACHTEL
ENTE
STUBENKÜKEN

Ente mit Grünkohl, Quitte und Süßkartoffel

Als ich in meiner norddeutschen Wahlheimat erstmals auf die Idee kam, zum heiligen Grünkohl statt Schweinebacke und Kochwurst eine geröstete Ente aus dem Ofen zu servieren, hub unter den Einheimischen ein großes Stirnrunzeln an. Ich konnte aber überzeugen und lernte, dass die Ente zum Grünkohl beispielsweise in Brandenburg früher schon ein gängiges und beliebtes Wintergericht war.

Für 4 Personen
1 ¾ Stunden

Für die Ente:
1 Ente (ca. 2–2,4 kg, küchenfertig)
2 EL Olivenöl
Salz

Für den Grünkohl:
1 kg Grünkohl, geputzt
Salz
1 Zwiebel
2 EL Öl
Pfeffer
1 Prise Zucker
100 ml Weißwein
250 ml Gemüsebrühe
40 g Butter

Für die Quitten und Süßkartoffeln:
600 g kleinere Quitten
4 EL Zitronensaft
40 g brauner Zucker
400 ml Apfelsaft
4 Zweige Thymian (wahlweise ½ TL getrockneter Thymian)
50 g Butter
Salz
Pfeffer aus der Mühle
600 g kleinere Süßkartoffeln

Für die Ente den Backofen auf 180 °C vorheizen. Die Ente innen und außen unter kaltem Wasser abspülen, trocken tupfen. Mit Öl einreiben, rundum kräftig salzen. Die Ente in einen Bräter setzen, 200 ml heißes, leicht gesalzenes Wasser angießen. Im Ofen 1 Std. und 20 Min. garen, dabei immer wieder mit dem Wasser und später mit der entstandenen Fett-Wasser-Mischung bestreichen.

Während die Ente gart, den Grünkohl gründlich in warmem Wasser waschen. Grünkohl portionsweise in kochendem Salzwasser 2 Min. kochen, herausnehmen und mit kaltem Wasser abschrecken. Beim sogenannten Blanchieren verliert der Kohl letzte Bitterstoffe und wird nochmals von feinsten Sandrückständen gereinigt. Den blanchierten Kohl trocken ausdrücken. Die Zwiebel fein würfeln.

Öl in einer Pfanne erhitzen, Zwiebel und Grünkohl darin kurz andünsten, mit Salz, Pfeffer und Zucker würzen. Mit Weißwein ablöschen und 1 Min. kochen. Die Brühe zugeben und 10–12 Min. (s. Tipp) offen schmoren. Die Butter unterrühren, aufkochen und warm stellen.

Die Quitten schälen, halbieren, entkernen und in dünne Spalten schneiden. Bereits geschnittene Spalten in Wasser mit Zitronensaft einlegen. Braunen Zucker in einer Pfanne schmelzen, die Spalten zugeben und mit Apfelsaft auffüllen. Aufkochen und die Spalten 10 Min. offen schmoren. Thymianblättchen abstreifen und mit 40 g Butter unterrühren. Das Quittengemüse mit Salz und Pfeffer würzen und warm stellen.

Die Süßkartoffeln schälen und in dicke Scheiben schneiden. In Salzwasser ca. 5 Min. gar kochen. Abgießen, mit 10 g Butter mischen, salzen und warm stellen.

Nach Ende der Garzeit die Ente ggf. nochmals wenige Min. bei 200 °C Oberhitze nachbräunen. Dann den Ofen ausschalten, und die Ente bei halb geöffneter Ofentür weitere 10 Min. ruhen lassen. Mit Grünkohl, Quitten und Süßkartoffeln servieren.

TIPP: Stundenlang simmert Grünkohl für gewöhnlich auf dem Herd, zerfällt dabei weich und wird grau – doch Grünkohl schmeckt auch kurz gegart! Mit leichtem Biss vorblanchiert und dann nur um die 10 Min. geschmort, in Weißwein und Butter geschwenkt, offenbart das Wintergemüse ganz neue Seiten: Das pfeffrige Aroma des Kohls kommt voll zur Geltung.

VARIANTE: Statt Grünkohl schmeckt auch Rotkraut sehr gut zur Ente!

Lammkeule im Salzmantel mit Petersilienpesto und Selleriepüree

Kein Hexenwerk und ein unkompliziertes Gästeessen: Butterzart gelingt die saftige Lammkeule im Salzmantel, dazu gibt es cremiges Sellerie-Butterpüree und ein würziges Petersilienpesto mit Bergkäse und gerösteten Haselnüssen. Und dieser Duft!

Für 6 Personen
Knapp 3 Stunden

Für die Lammkeule:
2 Knoblauchzehen
Abrieb von 1 Bio-Zitrone (Zitronensaft fürs Selleriepüree verwenden)
3 EL Olivenöl
1 Lammkeule mit Knochen (ca. 2 ½ kg)
Pfeffer
4 ½ kg grobes Meersalz
4 Zweige Rosmarin
½ Bund Thymian

Für das Pesto:
50 g gehackte Haselnüsse
1 Knoblauchzehe
1 großes Bund krause Petersilie
50 g Bergkäse
ca. 60 ml Olivenöl
Salz

Für das Selleriepüree:
1 großer Sellerie (ca. 1,2 kg)
Salz
Saft von 1 Bio-Zitrone
50 g Butter
Selleriesalz (wahlweise Salz)
Muskatnuss, gemahlen

Außerdem:
würziges Landbrot

Für die Lammkeule den Backofen auf 200 °C vorheizen. Knoblauch schälen und in feine Scheiben schneiden, mit Zitronenabrieb und Öl verrühren. Die Keule damit einstreichen und rundherum mit Pfeffer würzen. Meersalz mit 250 ml Wasser mischen. Ein Blech mit Backpapier auslegen und darauf aus einem Drittel der Salzmischung ein Bett für die Lammkeule formen. Die Keule daraufsetzen, mit den Kräutern belegen und mit restlichem Salz bedecken, das Salz leicht andrücken. Im Ofen, auf der ersten oder zweiten Schiene von unten, 2 ¼ Stdn. garen.

Die Haselnüsse für das Pesto in einer Pfanne ohne Fett rösten, abkühlen lassen. Knoblauch schälen, Petersilie grob hacken, den Bergkäse raspeln. Alles mit den Nüssen im Mixer auf mittlerer Stufe pürieren, dabei das Olivenöl in dünnem Strahl einlaufen lassen, bis ein cremiges Pesto entstanden ist. Mit Salz würzen und kalt stellen.

Für das Püree den Sellerie halbieren, die Hälften mit einem großen Messer schälen. Einen großen Topf mit Salzwasser und Zitronensaft aufkochen, die Selleriehälften hineingeben und in 45–50 Min. sehr weich garen. Die Hälften mit einer Schaumkelle herausheben, grob würfeln und mit der Butter in der Küchenmaschine auf höchster Stufe cremig pürieren. Mit Selleriesalz und einem Hauch Muskatnuss würzen und nochmals pürieren. Warm stellen.

Den fertig gegarten Lammbraten im ausgeschalteten Ofen mit angelehnter Ofenklappe 15 Min. ruhen lassen. Den Braten dann herausnehmen, Salzkruste entfernen und den Braten in Scheiben schneiden. Mit Selleriepüree, Pesto und Brot servieren.

»LASS UNS MORGEN FRÜH DIE KINDER HINAUS IN DEN DICHTEN WALD FÜHREN«

Aprikosen-Ofenschlupfer mit Heidelbeersauce

Duftend warm, frisch aus dem Ofen, schmeckt er am besten, als Dessert für viele oder als süße Mittagsspeise. Der schwäbische »Ofenschlupfer« galt einst als Resteessen, für das übrig gebliebenes Brot mit Obst der Saison kombiniert wurde. Hier die Spätsommer-Luxus-Version mit Aprikosen, Hefezopfbrot und Heidelbeersauce.

Für 4 Personen
30 Minuten

Für den Ofenschlupfer:
600 g Aprikosen
2 EL Öl
20 g Butter plus etwas für die Form
15–20 g Ingwer
1 Prise Zimt
2 EL Weißwein
3 EL Aprikosenmarmelade
3 Eier (M)
50 ml Sahne
300 g Hefezopf in Scheiben (ca. 12 Scheiben)
1 Handvoll Heidelbeeren
2 EL Haselnussblättchen

Für die Heidelbeersauce:
400 g Heidelbeeren
1–2 TL Zucker
1–2 EL Zitronensaft

Für den Ofenschlupfer die Aprikosen waschen und halbieren. Öl und Butter in einer großen Pfanne erhitzen, die Hälften hineingeben und 3 Min. schmoren. Ingwer schälen und fein reiben, mit Zimt, Weißwein und 2 EL Aprikosenmarmelade zu den Früchten geben und unter Rühren nochmals 2 Min. schmoren. Beiseitestellen.

Den Backofen auf 180 °C vorheizen. 1 EL Aprikosenmarmelade mit den Eiern und der Sahne glatt rühren. Eine große Auflaufform dünn mit Butter ausstreichen. Hefezopfscheiben dachziegelartig mit den Aprikosen einschichten und mit der Eiersahne begießen. Eine Handvoll gewaschener Heidelbeeren darüberstreuen. Ofenschlupfer im heißen Ofen 10–12 Min. backen. Haselnussblättchen in einer Pfanne ohne Fett goldbraun rösten, beiseitestellen.

Für die Heidelbeersauce zunächst die Heidelbeeren waschen. Die Hälfte der Heidelbeeren in einem hohen Gefäß mit dem Stabmixer pürieren. Die Sauce mit der anderen Hälfte der Heidelbeeren mischen. Mit Zucker und Zitronensaft abschmecken.

Haselnüsse über den fertig gebackenen Ofenschlupfer streuen und mit der Blaubeersauce servieren.

VARIANTEN: Statt der Heidelbeersauce schmecken auch cremig geschlagene Sahne oder eine schnelle Vanillesauce aus Vanillejoghurt mit etwas Milch oder Sahne sehr gut zum Ofenschlupfer. Statt der Haselnüsse können Sie auch Mandelblättchen verwenden.

Wurzeln und Rüben mit Kürbispüree und Bachkresse

Während der Kürbis für das feine Püree im Ofen bäckt, werden die Rüben und Wurzeln butterweich gekocht und dann mit Knoblauch, Petersilie, Pfeffer und Fenchelsaat in der Pfanne gebraten. Das schmeckt besonders gut nach längeren Waldspaziergängen!

Für 4–6 Personen
5 ½ Stunden

Für das Kürbispüree:
1 kg Hokkaidokürbis
50 g Butter
2 EL gemahlene Mandeln
1 Spritzer Zitronensaft
Salz
1 Prise Zucker

Für die Wurzeln und Rüben:
400 g Möhren (rot, gelb und lila)
6 Pastinaken
200 g Petersilienwurzeln
6 Topinambur (auch: Jerusalemartischocke)
Salz
1 kleines Bund Bachkresse
4 EL Rapsöl
2 Knoblauchzehen
4 Pimentkapseln
½ TL Fenchelsaat
½ TL Koriandersaat
1–2 TL brauner Zucker
1 Bund Petersilie
1 EL Butter
Salz, Pfeffer

Für das Kürbispüree den Backofen auf 180 °C vorheizen. Den Kürbis halbieren, die Kerne mit einem Esslöffel herausschaben. Die Kürbishälften auf der zweiten Schiene von unten in 45 Min. weich backen.

Das Kürbisfleisch mit einem Esslöffel aus der Schale lösen und noch heiß im Mixer mit der Butter und den Mandeln cremig-fein pürieren. Mit Zitronensaft, Salz und Zucker abschmecken. In einem Topf warm stellen.

Während der Kürbis gart, die Wurzeln und Rüben vorbereiten: Möhren, Pastinaken, Petersilienwurzeln und Topinambur mit dem Sparschäler schälen, dann längs halbieren, dicke Wurzeln vierteln. Alles in kochendem Salzwasser 10–12 Min. garen. Herausnehmen, in kaltem Wasser abkühlen und auf einem Geschirrtuch trocknen lassen. Bachkresse von den Zweigen zupfen, waschen und trocken schleudern.

Wenn das Kürbispüree warm steht, das Rapsöl in einer großen Pfanne erhitzen, Knoblauch schälen und halbieren. Die Wurzeln und den Knoblauch 4 Min. im Öl braten. Die Gewürze im Mörser leicht andrücken und zugeben. Gemüse mit Zucker bestreuen und weitere 2 Min. braten. Petersilie hacken und mit der Butter zu den Wurzeln geben. Noch 1 Min. schwenken. Mit Salz und Pfeffer würzen und mit Bachkresse bestreut zum Kürbispüree servieren.

TIPP: Je nach Marktlage können Sie Sorten und Gemenge des Wurzelgemüses verändern, insgesamt brauchen Sie für 4–6 Personen etwas über 1 kg ungeputztes gemischtes Wurzelgemüse.

REZEPTÜBERSICHT NACH MÄRCHEN

Aschenputtel – Einfache Küche

Die Bremer Stadtmusikanten – Abendbrot

Dornröschen – Für Gäste

Hänsel und Gretel – Ofenschmaus

Rapunzel – Verführerische Sünden

Rotkäppchen – Für unterwegs

Rumpelstilzchen – Über dem Feuer

Schneewittchen – Lieblingsgerichte

REZEPTÜBERSICHT ALPHABETISCH

A

B

C

E

F

G

H

K

TEAM

Autor

STEVAN PAUL lebt in Hamburg. Der gelernte Koch ist als Autor und Rezeptentwickler für Verlage und Redaktionen tätig, er veröffentlichte bereits zahlreiche Kochbücher. Als freier Journalist schreibt er kulinarische Texte, Kolumnen und Reisereportagen für Magazine und Tageszeitungen. Seit 2008 betreibt er unter nutriculinary.com eines der meistgelesenen Food-Blogs im deutschsprachigen Raum.
www.stevanpaul.de

Fotografie

DANIELA HAUG lebt in Berlin und studierte Wirtschaftswissenschaften in Bonn und Stuttgart. Sie ist Mitbegründerin einer Filmproduktion in London und Berlin und verantwortet als Producerin zahlreiche internationale Projekte. Sie publiziert als Fotografin in renommierten Magazinen zu den Themen Food und Reportage und arbeitet für Kunden im Bereich Corporate Publishing.
www.danielahaug.com

Styling

TANJA TRIFIC arbeitet seit vielen Jahren als Stylistin für Print und Werbung in Hamburg. Die Chance, das Thema Märchen modern und ungewöhnlich umzusetzen, war für sie eine angenehme Herausforderung.
www.tanjatrific.de

Konzept und Grafische Gestaltung des Originaltitels

ANJA LAUKEMPER, aufgewachsen und studiert in Bielefeld, lebt in Hamburg und arbeitet seit 2005 als freie Kreativdirektorin für renommierte Werbeagenturen und Verlage. Ihre Liebe zu Kochbüchern entdeckte sie durch Tim Mälzer, dessen Bücher sie u.a. gestaltet.
www.anjalaukemper.de

Cover und Layout Neuauflage

ALINA SAWALLISCH ist Artdirektorin und Illustratorin aus Hamburg. Sie hat an der Hamburger technischen Kunstschule (HTK) Kommunikationsdesign studiert und hat bereits für renommierte Verlage wie den ZEIT-Verlag und Gruner+Jahr als Editorialdesignerin gearbeitet. Als freiberufliche Illustratorin und Grafikerin liebt sie es in verschiedenste Welten einzutauchen.
www.saalina.de

DANK

Wir danken allen, die uns mit Ideen, Gedanken und tatkräftiger Hilfe ganz unbürokratisch geholfen haben, dieses Buch zu realisieren, die uns Türen und Tore zu den märchenhaftesten Locations in Deutschland geöffnet haben. Ganz besonders danken wir in diesem Zusammenhang:

Herrn Fabian von Berlepsch und Graf Sittich von Berlepsch, Schloss Berlepsch in Witzenhausen
www.schlossberlepsch.de

Dem Team vom Freilichtmuseum am Kiekeberg, bei Hamburg
www.kiekeberg-museum.de

Herrn Benjamin Schäfer, Geschäftsführer der Deutschen Märchenstraße
www.deutsche-maerchenstrasse.com

Michael Schumacher und dem Team der Hotel Burg Trendelburg, Trendelburg
www.burg-hotel-trendelburg.com

Dem Team der Freiwilligen Feuerwehr Seddiner See, Neuseddin
www.feuerwehr-neuseddin.de

Herrn Eckart Brandt, BOOMGARDEN-Projekt, Großenwörden
www.boomgarden.de

Impressum

MIX
Papier | Fördert gute Waldnutzung
FSC® C144853

5 4 3 2 1 28 27 26 25 24

978-3-7567-1041-6

Rezepte, Texte und Foodstyling: Stevan Paul

Fotografie: Daniela Haug

Styling: Tanja Trific

Konzept und Grafische Gestaltung (Originaltitel): Anja Laukemper

Cover und Layout (Neuauflage): Alina Sawallisch

Idee und Kapiteleinteilung: Sabine Antoni

Redaktion: Franziska Grünewald

Litho: Eberl & Koesel Studio, Kempten

www.hoelker-verlag.de

Für mehr Rezepte, Inspirationen und Einblicke aus dem Verlag folgen Sie auch unserem Instagram-Kanal @hoelkerverlag